守门员技术教学与训练

SHOUMENYUAN JISHU
JIAOXUE YU XUNLIAN

艾 堃 编著

北京体育大学出版社

出版人　李　飞
责任编辑　佟　晖
审稿编辑　董英双
责任校对　未　茗
版式设计　佟　晖　李　鹤

图书在版编目(CIP)数据

守门员技术教学与训练 / 艾堃编著. -- 北京 : 北京体育大学出版社, 2017.7
ISBN 978-7-5644-2687-3

Ⅰ. ①守… Ⅱ. ①艾… Ⅲ. ①足球运动－守门员－运动技术－运动训练 Ⅳ. ①G843.19

中国版本图书馆CIP数据核字(2017)第181559号

守门员技术教学与训练　　艾堃　编著

出　　版　北京体育大学出版社
地　　址　北京市海淀区信息路48号
邮　　编　100084
邮 购 部　北京体育大学出版社读者服务部 010-62989432
发 行 部　010-62989320
网　　址　http://cbs.bsu.edu.cn
印　　刷　北京京华虎彩印刷有限公司
开　　本　787×1092毫米　1/16
印　　张　4.75
字　　数　116千字
成品尺寸　185毫米×260毫米

2018年1月第1版第1次印刷
定　价：30.00元

目录 CONTENTS

第一章　成为一名出色的守门员

1 / 一、守门员运动水平的构成因素

2 / 二、不同年龄阶段的常规准备

第二章　守门员技术训练

7 / 一、守门员的基本技术概述

7 / 二、守门员的无球技术

11 / 三、守门员的有球技术

第三章　守门员战术训练

42 / 一、守门员的基本战术概述

42 / 二、守门员的基本战术

第四章　守门员身体素质训练

56 / 一、守门员身体素质训练基本特征

56 / 二、耐力

57 / 三、力量

57 / 四、速度

57 / 五、协调性

58 / 六、柔韧性

第五章　守门员心理训练

61 / 一、心理问题的外部因素（潜在的负面影响）

62 / 二、守门员心理暗示训练

第六章　守门员的相关规则

63 / 一、比赛场地

65 / 二、球

65 / 三、队员人数

66 / 四、队员装备

66 / 五、比赛开始和重新开始比赛

66 / 六、计胜方法

68 / 七、犯规与不正当行为

68 / 八、任意球

69 / 九、罚球点球

70 / 十、掷界外球

71 / 十一、球门球

71 / 十二、角　球

参考文献

第一章 成为一名出色的守门员

守门员是全队最后一道防线，最初他的主要任务是守住本方球门不让对方得分。而随着现代足球运动的发展，镇守球门并不是守门员唯一的职责，他应成为场上攻守兼备的一员。他要协助本队的防守队员控制罚球区甚至罚球区以外的范围；指挥和组织全队的防守；同时也是本队进攻的发起者之一。

一、守门员运动水平的构成因素

一个守门员的表现取决于三个基本因素，即技术、战术；身体因素；心理因素。这些因素的总和构成了他的技术水平、战术意识和心理活动，从而决定了守门员在场上的实践活动。身体因素是在某个给定时刻的身体条件，旨在帮助守门员有效地进行训练并且能够快速恢复。心理因素反映在守门员对每天训练的积极态度上。在比赛期间，它可以帮助守门员应对环境的压力和对比赛结果负责。守门员可以在比赛的任何时刻有上佳的表现，这也与稳定的心理素质相关。

守门是一个不变的任务，守门员永远不会忘记在训练中学到的技能。而身体状态和心理状态是可变因素，它们经常改变（外部因素）从而影响到守门员技术的发挥。

守门员的技术水平扮演了最重要的角色，因为它决定了守门员在训练和比赛中的表现。身体健康与否，影响训练。与此同时，在比赛中心理压力更大。一个守门员可以百米十秒，可以在健身房里举起100Kg重的杠铃，但如果他接不着球，无法正确判断球的运行轨迹，那这些都是毫无意义的。如果他具有大师般的技术、战术意识，那么其他两个因素对他的影响往往是决定性的。更好地协调身体、心理两个因素，就能成为一个更称职的守门员。这就是好、优秀和世界级守门员的区别。一个守门员在赛场上的良好表现，反映了他有组织、有计划的日常工作。这就是为什么我们要讨论守门员的准备。

二、不同年龄阶段的常规准备

守门员的常规准备是一个长期的过程，目的是让守门员在运动中表现出适当的水平，它包括：技术、战术和理论的准备；身体准备——发展身体能力；心理准备——拥有更强大的精神动力。守门员的准备越充分，他的水平就提高得越快。训练的目的是帮助他们提高或者是维持在高水平（中青年守门员）。

（一）常规准备是以年龄和水平为基础

为了使一个守门员的常规准备有效，并且能引领他们向更高的水平发展，它必须是系统的、周期的和持续的。它是根据守门员在不同年龄阶段生理、心理和社会方面的发展水平来组织的。

守门员的常规准备可以从以下两个方面来分析。

1. 年龄。
2. 表现水平的训练量。

（二）各年龄段的常规准备内容

1. 6到10岁的练习

（1）技术、战术、理论准备

①人生第一次触球，第一次接触守门员技术，给学生设定一个第一步的“目标”；②进一步学习守门员技术；③逐渐学习新的守门员技术动作；④开始学习用脚触球，学习跟其他队员一样去用脚去踢球；⑤学习最基础的足球竞赛规则。

（2）身体准备

通过各种各样的游戏发展身体素质，包括耐力、速度和协调素质。

（3）心理准备

①这个年龄段的队员是以完成训练任务和获得比赛胜利为目标的；②教会自己的学生学会接受失败；③尊重教练、队友、对手和裁判；④介绍守门员位置和责任的具体性质（这一定不能被忽略，要告诉这个年龄段的孩子，比赛的结果不是最重要的）。

2. 11岁到14岁的训练

（1）技术、战术和理论的准备

①持续改进以前学到的守门员技术；②转移到大球场开始进行正常的空中球练习（在罚

球区线的帮助下适应罚球区）；③提高脚控制球的能力；④增加特定练习的难度；⑤适应在不同阵型中守门员的角色。

（2）身体准备

①发展速度、耐力、柔韧性和反应；②有球无球协调练习。

（3）心理准备

① 听从教练的指挥和自己做出决定；② 赢得队友和对手的尊重；③ 理解、识别和处理情绪；④ 接受批评和评价（青春期开始）。

3. 15到18岁的训练

（1）技术、战术和理论准备

①进一步提高守门技术；②发展更复杂的练习来提高守门的技能。

（2）身体准备

①开始发展力量；②发展速度、耐力等。

（3）心理准备

① 能够做出决定并对此负责；② 学会评估自己（自我批评）；③ 选择健康的生活方式；④ 要变得雄心勃勃，渴望进步，渴望比赛（请求额外加练）。

4. 过渡期19到22岁的训练

（1）技术、战术和理论准备

①升入更高级别的队伍；②每次训练课都要练习守门员技术；③适应成人级别的比赛；④比赛节奏加快，必须要在短时间内做出快速应变，并且用更少的时间来决策；⑤要让自己比对手更加狡猾和富有经验；⑥挑战对手来自身体上的更多影响（高空球）；⑦观察和学习老队员的经验；⑧抓住每一次比赛的机会提高自身的经验（预备队）；⑨要善于总结每一次训练和比赛中出现的问题，并通过训练改进与提高。

（2）身体准备

①适应训练负荷的变化；②无论有球还是无球，在训练尽自己最大的能力。

（3） 心理准备

①做好升入更高级别的球队的心理准备；②在刚刚进入更高级别的球队时，一开始很难立即首发出场，这时候必须得有耐心，并通过自己的训练来不断取得进步；③如果在业余足球中，必须在生活的不同方面（家庭、工作和足球）找到一个平衡；④努力成为职业球员；⑤足球从作为爱好变成作为工作，是有利有弊的；⑥学会自重；⑦正确处理来自媒体的压力；⑧管理个人财富（周围可以信任的人）；⑨首要目标：成为主力守门员。

5. 成熟期

（1）技术、战术和理论准备

①熟练地掌握所有的守门员技术；②继续积累经验，并且知道在同样的情况下如何应用它；③通过优异的表现，在最知名的俱乐部获得机会；④最高目标是要为国家征战。

（2）身体准备

①最大限度地发展身体能力；②可以承受大强度的训练负荷并快速恢复。

（3）心理准备

①学会自我批评和承认错误才能取得进步；②要学会最大限度地抵御外界压力，包括媒体、公众和比赛结果压力；③知道在表现不好时如何调整自己，并适应俱乐部、教练等的改变；④一个稳定的家庭状况。

6. 守门员在35岁之后

（1）技术、战术和理论准备

①要有更稳定的高水平表现；②要学会运用经验（阅读比赛）来弥补身体能力的下降（速度、弹跳力）。

（2）身体准备

①减少某些身体素质训练（速度、弹跳力）；②学会自主训练，并制定一份适应当前身体情况的训练方案；③比以往任何时候都更注重身体的感觉；④严重受伤恢复后对表现的影响很大。

（3）心理准备

①要学会享受比赛，把在球场上度过的每一刻都当作最后一场比赛去对待；②要学会成为球队的领导者，引导年轻队员进步；③即将告别球场，学会规划新的人生（如教练员资格的学习）。

（三）设定训练课程

为实现训练目标，我们需要设定和组织训练课程来应对这些目标。

1. 当准备守门员的训练时，我们需要考虑以下因素

（1）确立目标（技术、身体等）；

（2）如果有必要，要适应球队的训练计划；

（3）必须决定在哪里训练适合周计划；

（4）比赛结束后；

（5）比赛前一天等等。

2. 我们还需要考虑

（1）守门员的数量；

（2）在训练期间；

（3）选择训练项目；

（4）训练负荷和恢复时间；

（5）可用的设备（球场、球鞋、标志桶等）。

3. 在训练内容的数量上，根据守门员的水平和年龄，我们可以有不同的训练内容

（1）单项训练（技术/战术训练或身体准备）；

（2）混合训练（具体工作和身体训练在同一训练项目中）；

（3）交替阶段（交替期的具体训练和身体准备）；

（4）循环训练（一系列特定的训练和身体准备）；

（5）综合训练（在特定的情况下结合身体因素）。

（四）一堂完整的训练课的内容

1. 守门员的热身

（1）守门员在技术、身体、精神上做好准备；

（2）避免受伤；

（3）适应场地条件和训练主题；

（4）逐渐增加强度。

2. 热身的方式

个人、小组或混合。

3. 混合热身的内容

（1）每个人慢跑、动力牵拉2~3分钟。

（2）接球等基本练习，地面练习（扑球）。

（3）允许特定的练习来适应和向特定的技术和身体练习过渡。

4. 热身内容

（1）无球（跑、跳、冲刺、活动手腕、动力牵拉、静力牵拉等）；

（2）有球（带球、控球、接球及简单守门员移动和扑球练习）；

（3）小场地比赛。

5. 训练的主要部分

（1）设立训练的目标。

（2）下列的因素必须考虑

①适应守门员的能力；②确立训练负荷（强度、时间、项目）和恢复时间以及恢复类型（主动/被动）。

我们可以通过一些与训练主题相关的游戏来完成主要部分。这可以营造良好的训练氛围并且使守门员之间保持友好的关系。

6. 放松

放松是守门员训练内容的一部分，平静下来做拉伸和放松练习。在这期间可以讨论下一次训练。

训练时数据的统计是十分重要的事情，这让我们可以监控正在进行或准备进行的训练计划，避免重复。所有的教练在工作中都应确定自己的统计方式。

第二章
守门员技术训练

一、守门员的基本技术概述

守门员在比赛中所表现的技术行为主要体现在进攻和防守当中，技术形式主要体现在两个方面：有球技术与无球技术。

无球技术：准备姿势、移动。

有球技术：接球、扑球、拳击球、单刀球、发球、处理回传球等。

二、守门员的无球技术

（一）准备姿势

1. 常规比赛中的准备姿势

（1）基本特点

准备姿势是守门员基础的技术之一，它在场上起到的作用也是至关重要的。准备姿势是守门员做任何步法移动、接球和扑接球的前提与基石。

（2）动作要领（图2-1、图2-2）

双脚左右分开与肩同宽，两脚跟稍微提起。

上身稍前倾，胸部垂直于地面的线与双脚的脚尖形成一个三角形，重心落脚前掌。

两腿屈膝约100度并且内扣。

两臂屈肘，双手自然张开置于胸前，目视来球。

图2-1　准备姿势正面

图2-2　准备姿势侧面

（3）核心环节

双脚之间的距离不要过大，中心前倾，目视来球。

（4）易犯错误

两脚之间的距离过大，会影响移动的速度。用全脚掌着地，这样在接球时会使重心靠后，不利于脱手后的第二次接球。

（5）纠正方法

示范正确的动作，模仿正确的动作进行反复练习。

2. 1vs1时的准备姿势

（1）动作要领（图2-3～图2-5）

图2-3　准备姿势正面

图2-4　准备姿势侧面

图2-5　准备姿势背面

双脚左右分开与肩同宽，两脚跟稍微提起。上身稍前倾，胸部垂直于地面的线与双脚的脚尖形成一个三角形，重心落脚前掌。随着与运球人距离接近，守门员的重心降低。双手张开，置于身体两侧，接近地面，尽可能地扩大防守面积。

（2）核心环节

双脚之间的距离不要过大，重心降低，目视来球。

（3）易犯错误

两脚之间的距离过大，会影响移动的速度。

（4）纠正方法

示范正确的动作，模仿正确的动作进行反复练习。

（二）移动

移动的基本特点是守门员根据比赛过程中球和对手位置的变化，通过快速的脚下移动来做出正确选位、出击、扑接球和截获对方向球门前传来的球等。

1. 侧向滑步移动

基本特点：常用于移动选位或者用于短距离的移动接球和扑接两侧低平球。

（1）动作要领

首先保持准备姿势。先用同侧脚用力蹬地，异侧脚稍离地面并向移动方向滑步。异侧腿快速跟上。动作过程中身体的重心降低，少起伏，目视前方。

（2）核心环节

身体保持准备姿势，脚下步法快捷、清晰，重心降低，目视前方。

（3）易犯错误

①身体没有保持准备姿势。

②移动中，双脚腾空（不利于做下一个动作）。

③重心过高（不利于扑接球）。

④眼睛看地面。

（4）纠正方法

示范正确动作，对做出正确姿势的加以表扬并进行反复练习。

2. 交叉滑步移动

基本特点：常用于移动选位或长距离的移动侧身出击接球。

（1）动作要领

移动前身体保持准备姿势。向左侧移动时，身体先向该侧倾斜，膝关节弯曲，同时异侧脚用力蹬地，并及时向移动方向的侧前方跨出一步成交叉步。然后同侧腿向移动方向快速移步，近侧脚与远侧脚依次交替蹬地跃起。移动时，身体重心放在移动方向的同侧腿上。向右侧移动时，动作相同，方向相反。

（2）核心环节

保持准备姿势，脚下步法快捷、清晰，身体保持平衡，重心降低，目视前方。

（3）易犯错误

①身体没有保持准备姿势。

②重心过高。

③移动时身体起伏过大。

（4）纠正方法

示范正确动作，分析讲解动作，并进行反复练习。

3. 3/4后退侧滑步

基本特点是守门员在来球的方向上移动，但是上半身和肩膀冲着另外的方向，眼睛不能离开球。

（1）动作要领

上半身和肩膀冲着侧面球的方向移动；眼睛始终看着球；脚前掌着地，重心在脚前掌；运用侧滑步或者交叉步进行移动。

（2）核心环节

脚下步法快捷、清晰，身体保持平衡，重心略微降低，眼睛不能离开球。

运用交叉步（快速下的长距离移动）或侧滑步（短距离移动）。

（3）易犯错误

移动时身体起伏过大；眼睛没有看球。

三、守门员的有球技术

（一）接平高球

平高球的基本特点是来球的高度在人体伸直手臂的部位以下和膝关节以上部位，都称为平高球。接平高球按来球的高低分为两种接球技术。

1. 接与头部同高的球（W接球）

（1）动作要领（图2-6、图2-7）

身体保持准备姿势，目视来球。十指张开微屈，双手拇指相对，相距3~5厘米，双手的拇指与食指形成一个“W”的形状。双手前迎，触球的一瞬间，快速后撤缓冲，十指发力接球。接球后迅速将球抱入怀中。

图2-6　正面接球（头部高度）

图2-7　正面接球（头部高度）

（2）核心环节

十指张开微屈、用力；拇指相对；双手前迎，同时触球；后撤缓冲。

（3）易犯错误

双手没有同时触球；十指没有张开；用手掌接球；肘关节接球时张开太宽（图2-8）。

图2-8　肘关节接球时张开太宽

（4）纠正错误

反复进行练习，针对出现的错误，进行动作分解练习。例如：徒手练习双手前迎，双手必须同时前迎，同时接球，双手不能一前一后接球。

2. 接胸部以下膝关节以上部位的球（接腹部球）

（1）动作要领（图2-9～图2-11）

身体保持准备姿势，目视来球。两手的小手指几乎相对，十指微曲，手部呈“圆勺形”。伸臂略屈，肘关节夹紧。手前迎，触球一瞬间，手指手腕适当紧张用力，并屈肘回撤缓冲，将球抱紧。

图2-9　接腹部球正面出手

图2-10　接腹部球抱球正面

图2-11　接腹部球抱球

（2）核心环节

①十指张开挡住球运行的方向。

②手前迎，触球一瞬间，顺着球的力量回撤缓冲。

③肘关节夹紧。

（3）易犯错误

手前迎不足；两个肘关节之间的距离过宽。

（4）纠正错误

针对错误动作进行讲解，并且反复多次练习来巩固技术动作。

（二）接地滚球

地滚球的基本特点是贴着地面的来球，都称作地滚球。接地滚球时，守门员必须用身体的正面正对来球，以防止球突然的跳起。

1. 跪式正面接地滚球

（1）动作要领（图2-12、图2-13）

正确的准备姿势。两脚左右站立，一条腿屈膝，另一条腿屈膝以膝关节内侧接近地面或触及地面。跪撑腿的膝关节靠近深屈膝腿的脚跟部位，间隔距离不要大于球的直径。上体前倾，手掌前迎正对来球。两手的小指靠近，五指分开，屈腕，两手臂下垂略屈，整个手型呈“圆勺形”。在手触球的瞬间，手指、手腕适当紧张用力，屈肘屈腕随球后撤缓冲，两臂靠近，肘关节夹紧，将球抱于胸前。

图2-12　正面接地滚球出手

图2-13　正面接地滚球抱球

（2）核心环节

正确的准备姿势，单膝着地，“圆勺形”手法前迎球，接球后快速的回撤将球抱住。

（3）易犯错误

两腿之间的距离过大。出手前迎的时间过晚或过慢。两手之间的距离过大。

（4）纠正方法

示范正确动作，对正确动作进行反复练习，练习过程中，反复强调可能出现的错误。

2. 前卧式接地滚球

（1）动作要领（图2-14、图2-15、图2-16）

正确的准备姿势。面对来球方向，重心降低，身体前倾。两手的小指靠近，五指分开，屈腕，两手臂下垂略屈，整个手型呈“圆勺形”。双手接球后，迅速前卧倒地，用小臂的平面和抱住的球接触地面，将球压在身下。

图2-14　前卧式接地滚球出手

图2-15　前卧式接地滚球抱球

图2-16　前卧式接地滚球前卧

（2）核心环节

重心降低，接球后的迅速前卧倒地。

（3）易犯错误

重心过高，身体前倾不够。接球后肘关节没有夹紧。接球前卧时用肘关节着地。

（4）纠正方法

示范正确的动作，针对该动作反复进行练习，在练习过程中及时纠正与改正错误。

（三）接反弹球

反弹球的基本特点是球经过地面的反弹。反弹球又分为反弹高球、反弹中等高度球和反弹低球。根据不同高度的反弹球，运用不同的技术动作接球。反弹高球运用接头部球技术；反弹中等高度球运用接腹部球技术；反弹低球运用前卧式接球技术。

（1）动作要领（图2-17～图2-20）

正确的准备姿势。面对来球方向，重心降低，身体前倾。两手的小指靠近，五指分开，屈腕，两手臂下垂略屈，整个手型呈“圆勺形”。双手接球后，迅速前卧倒地，用小臂的平面和抱住的球接触地面，将球压在身下。

图2-17 接反弹球判断落点

图2-18 接反弹球出手

图2-19 接反弹球抱球

图2-20 接反弹球前卧

（2）核心环节

判断反弹后球弹起的方向与高度；选择正确的接球方式。

（3）易犯错误

重心过高，身体前倾不够。接球手肘关节没有夹紧，球从胸下漏进球门。接球前卧时用肘关节着地。

（4）纠正方法

示范正确的动作，针对该动作反复进行练习，在练习过程中及时纠正与改正错误。

接球技术训练方法

训练目的	组织方法	方法图示	训练要点
守门员技术练习（1） 提高接球的技术水平	区域：罚球区内 器材：球 方法：三个人两个球，无球人在中间，持球人在两侧，距中间人5~6米，交替将球踢给中间无球人，中间人接球后将球抛回，然后转身接球。 a.接地滚球； b.接反弹球； c.接平高球（腹部高度）； d.接平高球（头部高度）； e.跳起接高球。		要点： a.接球时运用正确的技术，不要脱手； b.转身后身体重心不要有较大的起伏； c. 眼睛要看球。

训练目的	组织方法	方法图示	训练要点
守门员技术练习（2） 提高移动中用手接球的技术水平	区域：罚球区内 器材：球， 方法：两个人一个球，一人用手抛或脚踢球的方式将球传给另一人；另一个人接球，每项接球6次后进行交换练习。 a. 侧滑步移动& 接地滚球； b. 侧滑步移动& 接反弹球； c. 侧滑步移动&接平高球（腹部高度）； d. 交叉步移动&接平高球（胸部高度）； e. 交叉步移动&跳起接高球。		要点： a.接球时手形要正确，不要脱手； b. 移动中保持好正确的准备姿势，身体重心不要有较大的起伏； c. 接高球时掌握好起跳时间； d. 脚下移动要求步幅小，步频快。

训练目的	组织方法	方法图示	训练要点
守门员技术练习（3） 提高移动接球的技术水平	区域：罚球区内 器材：球，标志物 方法：移动绕过标志物、接球、移动返回循环练习、每项技术练习接6次。 a. 传地滚球 & 接地滚球 b. 传平高球 & 接球 c. 传反弹球 & 接球 d. 传高球　& 跳起接高球		要点： a. 移动中保持好正确的准备姿势，身体重心不要有较大的起伏； b. 运用合理的技术接球。

训练目的	组织方法	方法图示	训练要点
守门员技术练习（4） 提高移动接球的技术水平	区域：罚球区 器材：球、标志筒或标志杆 方法：4名守门员进行练习，两人围着标志物绕八字，移动接球、另外两个人用手抛球或脚踢球的方式传球。 a. 侧滑步移动& 接地滚球 b. 侧滑步移动& 接反弹球 c. 侧滑步移动&接平高球（腹部高度） d. 交叉步移动&接平高球（胸部高度） e. 交叉步移动&跳起接高球	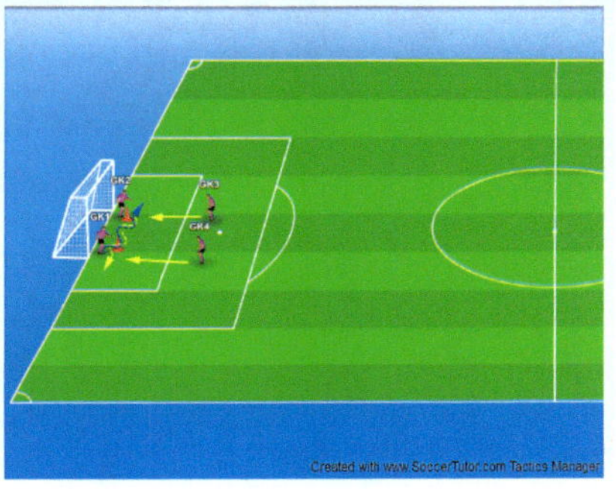	**要求：** a. 脚下移动要求步幅小，步频快；在接球前的最后几步要更快； b. 运用正确的技术动作； c. 传球的人要掌握好传球时机，将球传向标志物的外侧。

（四）跳起接球

1. 单脚跳起接球

（1）动作要领（图2-21）

①准确判断球飞行的路线。

②重心降低，小步移动选择起跳时机。

③起跳腿的最后一步弯曲，向上发力蹬伸。

④两臂上伸引球，十指张开微屈，双手拇指相对，相距3~5厘米，双手的拇指与食指形成一个“W”的形状。

⑤接住球后，迅速回撤，肘关节夹紧，将球抱于胸前怀中，以确保安全。

⑥支撑腿抬平，做自我保护动作。

图2-21 跳起接高球

（2）核心环节

①准确地判断球飞行的路线。

②小步移动，选择适当的起跳时机。

③起跳腿的最后一步弯曲，发力。

④抬起支撑腿，保护自己安全。

（3）易犯错误

①对飞行路线的判断不好。

②移动步幅过大，影响移动速度和起跳时机。

③支撑腿没有抬平做自我保护。

（4）纠正错误

针对错误进行反复练习。例如，当出现移动步幅过大，应练习脚下步法的移动来提高这方面的技术。

2. 双脚起跳接球

（1）动作要领（图2-22）

①准确判断球飞行的路线。

②重心降低，小步移动选择起跳时机。

③起跳前双腿弯曲，蹬伸发力。

④两臂上伸引球，十指张开微屈，双手拇指相对，相距3~5厘米，双手的拇指与食指形成一个“W”的形状。

⑤接住球后，迅速回撤，肘关节夹紧，将球抱于前胸怀中，以确保安全。

图2-22　双腿跳起接球

（2）核心环节

准确地判断球飞行的路线。双腿弯曲发力。接球后，肘关节夹紧。

（3）易犯错误

对飞行路线的判断不好。移动步幅过大，影响移动速度和起跳时机。肘关节分开较大。

（4）纠正错误

每次练习后都指出错误动作，并进一步讲解与示范。

接高空球技术训练方法

训练目的	组织方法	方法图示	训练要点
守门员技术练习（1） 提高接高空球技术水平	区域：罚球区 器材：球 方法：（1）教练员用手抛高空球，（2）守门员接高空球，（3）两人循环交替练习，（4）每一侧做6~8次换边。		**要求：** a.守门员要判断好高空球的落点，要在最高点接球； b.移动的步法要清晰，步幅要小，步频要快。

训练目的	组织方法	方法图示	训练要点
守门员技术练习（2） 提高接高空球的能力	区域：罚球区 器材：球 方法：（1）教练员用手抛高空球，（2）GK1接高空球，GK2进行干扰（3）GK1接完球去做干扰球的队员，GK3做完干扰去准备接球，三人交替循环练习。（4）每一侧做6~8次换边。		**要求：** a.守门员要判断好高空球的落点，抢在干扰队员之前接球； b.移动的步法要清晰，步幅要小，步频要快； c.出击接球要大声呼应。

训练目的	组织方法	方法图示	训练要点
守门员技术练习（3） 提高接高空球与接球的技术水平	区域：罚球区 器材：球 方法：（1）教练员踢高空球传中，（2）GK1接高空球，（3）GK1接球后移动选位，（4）GK2射门，GK1接球。两位守门员，每侧做6次传中与射门，交换位置进行练习，一侧都做完后换边进行练习。		**要求：** a.守门员要判断好高空球的落点，在最高点接球； b.移动的步法要清晰，步幅要小，步频要快； c.出击接球要大声呼应； d.快速移动，对方射门一瞬间要站稳。

（五）扑接球

扑接球是守门员在通过移动无法及时接球时采用的一种补救方法，是守门员技术中的难点。扑球时，守门员利用身体迅速倒地以延伸手臂控制范围，从而将远离身体两侧的球接住或击出。倒地扑球有两种方法：（1）身体在空中没有完全离地腾起的侧扑，（2）身体在空中完全腾起离开地面的鱼跃扑球。

1. 扑侧面球

（1）动作要领（图2-23 ~ 图2-25）

身体保持准备姿势，重心降低，双腿弯曲，目视来球。身体向来球的方向侧倾，同侧腿发力蹬地。两手快速伸出，同侧手在球的后方挡球，异侧手在球的侧后上方。同时身体展腹，向同侧方向倒地。

图2-23　扑接球倒地

图2-24　扑接球出手

图2-25　扑接球接球

（2）核心环节

身体向球侧倾，向斜前方发力蹬地。两手快速向侧伸出，用手带动身体。

身体在空中展腹。

（3）易犯错误

腿向前迈步，身体向后扑球。两手没有直接伸向来球，而是在空中划了一个弧线，才去接球。落地时，用肘关节着地。

（4）纠正方法

针对错误，运用分解训练法反复练习。例如：腿向前迈步，身体向后扑球的错误动作，可以利用分解训练法，扶住同侧腿，然后让守门员进行扑球。

2. 扑平高球（鱼跃扑球）

（1）动作要领：（图2-26～图2-31）

保持正确的准备姿势，重心降低，目视来球。

身体向来球的方向侧倾，同侧腿向侧面或者侧前方迈出小半步，快速蹬地发力，身体在空中展腹。

双手快速伸出，用“W”形手法将球接住。

用球着地做缓冲，落地时肘关节外侧、肩外侧，上体、臀、腿外侧依次着地并迅速团身或侧身滚。

图2-26　鱼跃扑接球移动

图2-27　鱼跃扑接球起跳

图2-28　鱼跃扑接球出手

图2-29　鱼跃扑接球接球

图2-30 鱼跃扑接球落地

图2-31 鱼跃扑接球缓冲

（2）核心环节

腿蹬地发力向斜前方，身体向斜前方扑出，并在空中展腹。双手带动身体，直接、快速地伸向来球。手型很关键，十指用力，眼睛始终盯着来球。落地时，用球先接触地面，以做缓冲。不要用肘关节直接着地。

（3）易犯错误

腿向侧后方迈出，扑球时身体向后。双手没有直接伸向来球，而是在空中划了一个弧线，才去接球。落地时没有用球做缓冲，并且用肘关节着地。

（4）纠正方法

针对出现的错误，示范与讲解动作，通过反复练习提高该项技术。

扑接球技术训练方法

训练目的	组织方法	方法图示	训练要点
守门员技术练习（1） 提高扑接球的技术水平	区域：罚球区 器材：球 方法1：守门员侧身坐在地上，教练员距守门员3~4米用脚向一侧连续踢地滚球，守门员侧身连续扑球，一侧接6次球换边。 方法2：守门员跪在地上，教练员距守门员3~4米用脚向两侧踢地滚球，守门员扑接球一边一次，8次。 方法3：教练员距守门员6~7米用脚踢地滚球，守门员扑接球一边一次，6次交换。		要求： a.守门员的扑接球动作要准确，规范； b.接球手型要正确； c.守门员出手动作要快。

训练目的	组织方法	方法图示	训练要点
守门员技术练习（2） 提高扑接球的技术水平	区域：罚球区 器材：球 方法1：教练员踢地滚球，守门员连续向一侧扑接球（4~6次），3个守门员交替循环进行练习。 方法2：教练员手抛半高球，守门员连续扑接平高球（鱼跃扑接球）（4~6次），3个守门员交替循环进行练习。		要求： a.守门员的扑接球动作要准确，规范； b.接球手型要正确； c.守门员出手动作要快； d.扑球倒地后，起身要快。

训练目的	组织方法	方法图示	训练要点
守门员技术练习（3） 提高扑接球的技术水平	区域：罚球区 器材：球、标志物 方法1：守门员移动绕标志物，扑接球，每人一次循环练习，每人做6次换边。 方法2：守门员移动绕标志物，扑接平高球（鱼跃扑接球），每人一次循环练习，每人做6次换边。		要求： a.守门员的扑接球动作要准确，规范； b.接球手型要正确； c.守门员出手动作要快； d.扑球倒地后，起身要快。

训练目的	组织方法	方法图示	训练要点
守门员技术练习（4） 提高接球与扑接球的技术水平	区域：罚球区 器材：球 方法：（1）守门员接平高球，（2）移动，（3）扑接球，每人做6次交换。		要求： a.运用合理的技术动作接球； b. 守门员倒地出手动作要快； c.每一次技术动作要完成好。

（六）拳击球

拳击球是在接球把握不大的时候或者与队员有剧烈的身体对抗的情况下使用的一种处理球的方式。拳击球技术一般分为单拳和双拳击球两种形式。单拳击球多用于出击处理从侧向传来的球。双拳击球，多用出击处理从正面或两侧45度传来的球。

1. 单拳击球

（1）动作要领（图2-32、图2-33）

准确判断来球运行的路线，及时移动到位。起跳过程中，击球拳位于肩上侧、下颚的旁边，两眼始终盯着球（拳与下颌的距离约20厘米）。屈肘握拳，身体侧转。以肘带动肩挥拳，用拳面击打球的底部，改变球的方向。

图2-32　拳击球摆臂

图2-33　拳击球击球

（2）核心环节

准确判断来球运行的路线，快速移动到位。拳位于肩上侧、下颌的旁边。手腕保持紧张，拳不要握紧，握拳的感觉要向手里握着东西，保持全面平正。挥拳的幅度不要太大，但是挥拳的速度要快，要有爆发力，击球改变球的运行方向。两眼始终盯着来球。

（3）易犯错误

拳握得太紧，没有用拳面击球。挥拳的幅度过大，没有击中球。

（4）纠正错误

通过讲解与示范，针对出现的错误反复练习。

2. 双拳击球

（1）动作要领（图2-34 ~ 图2-36）

判断来球运行路线，及时移动到位。双手握拳屈肘放于胸前、两拳拳心相对。身体跳起在最高点时，双拳同时迎球，迅速出拳将球击出。

图2-34　双拳击球起跳

图2-35　双拳击球摆臂

图2-36　双拳击球摆臂击球

（2）核心环节

准确判断来球运行的路线，快速移动到位。双拳拳心相对，两拳靠紧不要握拳太紧，确保最大的击球面积。在球接近的一瞬间，双拳快速发力将球击出。

（3）易犯错误

两拳没有同时击球。挥拳动作幅度过大，没有击中球。

（4）纠正错误

通过讲解与示范，针对出现的错误反复练习。

拳击球技术训练方法

训练目的	组织方法	方法图示	训练要点
守门员技术练习（1） 初步掌握拳击球的技术	区域：罚球区 器材：球 方法：两人面对面相距3~4米，一人抛球，一人运用拳击球技术将球击回，每人8~10次进行交换练习。		**要求：** a.运用正确的拳击球技术； b.注意击球部位。

训练目的	组织方法	方法图示	训练要点
守门员技术练习（2） 提高拳击球的技术水平	区域：罚球区 器材：球 方法：（1）教练员手抛球（高空球），（2）守门员移动，（3）GK1拳击球，将球击回给教练员，（4）移动回位。两人循环交替进行练习。	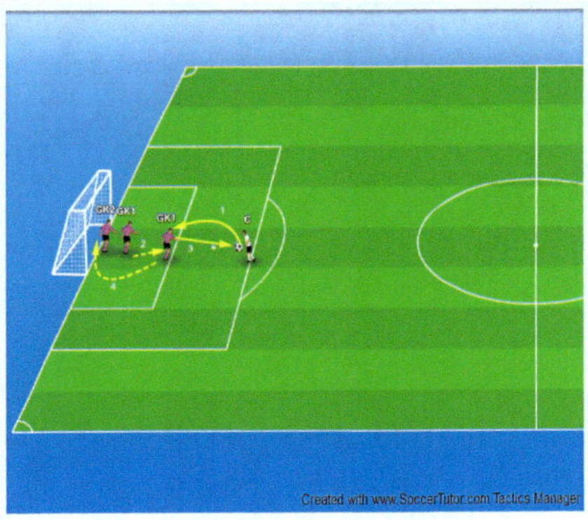	**要求：** a.运用正确的拳击球技术； b.注意击球部位。

（七）托球

当球距离球门过近，来不及采用接球或击球手法时，守门员可以用手掌或者手指将球托出，使球越过横梁、球门柱或改变球运行的路线。

1. 跳起向后托球

（1）动作要领（图2-37~图2-40）

判断来球运行路线，及时移动到位。目视来球，将手张开，腕关节用力。单腿或双腿起跳。跳起用掌根或手指托球的底部，将球托出球门外或改变球的运行路线。

图2-37 跳起托球

图2-38 跳起托球出手

图2-39 跳起托球击球

图2-40 跳起托球

（2）核心环节

准确判断来球运行的路线，快速移动到位。眼睛始终注视着球。触球一瞬间腕关节与手指必须用力托球，不然球会飞进球门。

（3）易犯错误

对球飞行的路线判断不准确。眼睛没有看球。触球的一瞬间腕关节与手指没有用力托球。

（4）纠正方法

通过讲解与示范，针对出现的错误反复练习。

2. 鱼跃托球

（1）动作要领（图2-41~图2-44）

鱼跃托球技术的起跳腾空动作与扑平高球（鱼跃扑球）的动作基本相符。保持正确的准备姿势，重心降低，目视来球。身体向来球的方向侧倾，同侧腿向侧面或者侧前方迈出小半步，快速蹬地发力，身体在空中展腹。双手或单手快速伸出，五指微张，用掌根或五指将球托出。落地时肘关节外侧、肩外侧、上体、臀、腿外侧依次着地并迅速团身或侧身滚。

图2-41　鱼跃托球腾空

图2-42　鱼跃托球托球

图2-43　鱼跃托球落地

图2-44　鱼跃托球落地缓冲

（2）核心环节

①重心降低，快速蹬地发力，身体在空中要完全展开。

②双手或单手五指与腕关节用力，将球托出。

③在空中托出球后，不能过早地转体，用身体的正面落地。

（3）易犯错误

①用异侧腿发力起跳。

②托球时手指与腕关节没有用力。

③在空中没有完全展开。

④落地时身体过早地转体用胸部着地。

（4）纠正错误

通过讲解与示范，针对出现的错误反复练习。

托击球技术训练方法

训练目的	组织方法	方法图示	训练要点
守门员技术练习（1） 初步掌握跳起向后托球的技术	区域：罚球区 器材：球 方法：（1）教练员在球门线前单手持球并将球举高，（2）守门员运用3/4后退侧滑步技术移动，（3）运用跳起向后托球技术将球托出球门。		**要求：** a.托击球时击球的部位要准确； b. 眼睛要始终看球。

训练目的	组织方法	方法图示	训练要点
守门员技术练习（2） 提高跳起向后托球的技术水平	区域：罚球区 器材：球 方法：（1）教练员持球距守门员8~10米，（2）守门员向教练员移动，用手触摸教练员手中的球，（3）教练员将球抛向球门的一侧（高空球），（4）守门员运用3/4后退侧滑步的技术向球的方向移动，（5）运用托击球技术将球托出球门。每人6次一组（一边3次），两人交替练习。	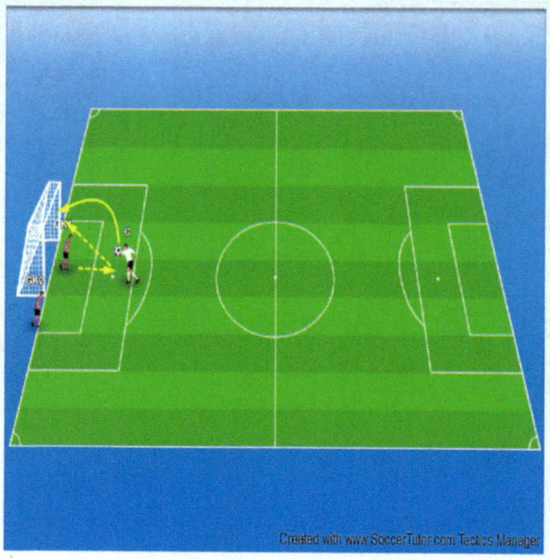	**要求：** a.托击球时击球的部位要准确； b. 眼睛要始终看球。

训练目的	组织方法	方法图示	训练要点
守门员技术练习（3） 提高跳起向后托球的技术能力	区域：罚球区 器材：球 方法：（1）教练员传中，（2）GK1运用3/4后退侧滑步的技术向球的方向移动，（3）运用托击球技术将球托出，（4）GK2移动去干扰GK1的托球。每人做6次交换，两人都做完后换边。		**要求：** a.托击球时击球的部位要准确； b.眼睛要始终看球。

训练目的	组织方法	方法图示	训练要点
守门员技术练习（4） 初步掌握鱼跃托球的技术	区域：罚球区 器材：球 方法：（1）教练员距守门员5~6米，（2）教练员手抛球（半高球），（3）守门员运用鱼跃托球。一边一次，每人做6次进行交换。		**要求：** a.托击球时击球的部位要准确； b.眼睛要始终看球； c.守门员在空中腰腹要展开； d.落地要做好缓冲。

训练目的	组织方法	方法图示	训练要点
守门员技术练习（5） 提高鱼跃托球的技术能力	区域：罚球区 器材：球 方法：（1）教练员在罚球区附近射门（半高球），（2）守门员运用鱼跃托球。一人一次交替练习，每人做6次换一侧。	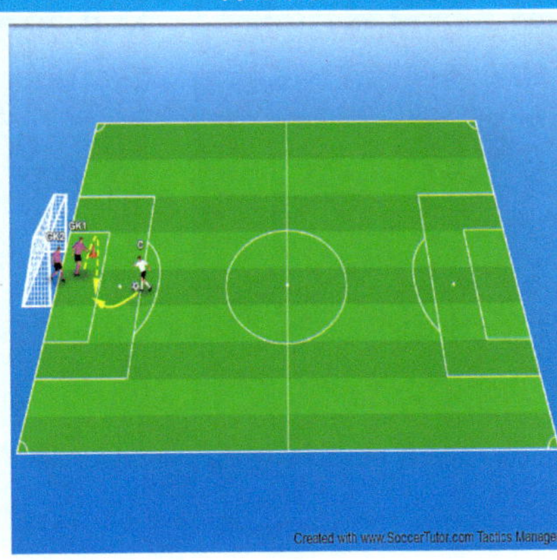	**要求：** a.托击球时击球的部位要准确； b.眼睛要始终看球； c.守门员在空中腰腹要展开； d.落地要做好缓冲。

（八）一对一防守

一对一是除了点球外守门员所面临的最大困难。守门员一对一的情况根据位置分为：罚球区内，罚球区外。根据进攻方行为分为：进攻方将球传向罚球区内，守门员要与对方队员一对一的情况；进攻方带球突入罚球区。

1. 攻方将球传向罚球区内，守门员要与对方队员一对一的情况

（1）动作要领（图2-45~图2-48）

向球的方向移动，重心降低；扑球的同侧腿弯曲，蹬地发力；同时双手向球移动，身体展开，贴着地面滑向来球；用扑接球技术的手型控制足球；接球或触球后身体快速团身站起。

图2-45　一对一出击

图2-46　一对一出击扑球

图2-47　一对一出击出手

图2-48　一对一出击接球

（2）核心环节

分析出击的时机；扑球时身体不要腾空；接球后，头要在手臂的后面，保护自己不要受伤。

（3）易犯错误

移动时身体重心过高；扑球时身体腾空。

（4）纠正错误

通过讲解与示范，针对出现的错误反复练习。

2. 进攻方带球突入罚球区

（1）动作要领（图2-49、图2-50、图2-51）

重心降低，脚后跟抬起，膝关节弯曲，身体前倾；做动作之前缓慢向运球人移动；运球人摆腿射门或运球变向时，应站稳；用手或脚去封堵射门路线或运球路线。

图2-49　一对一准备姿势

图2-50　一对一倒地扑接球

图2-51　一对一倒地扑接球

（2）核心环节

守门员与运球人面对面时，守门员不要移动；运球队员带球距离守门员很近时，守门员可以用脚封堵；守门员可以设置陷阱，达到自己想要的效果；注意安全，不要在罚球区内犯规。

（3）易犯错误

移动时身体重心过高；对方射门时还在移动。

一对一技术训练方法

训练目的	组织方法	方法图示	训练要点
守门员技术练习（1） 初步掌握1对1防守技术	区域：罚球区 器材：球 方法：球摆放在地上，守门员移动扑单刀球，教练员同时向球移动做干扰。两名守门员交替练习，一侧做6次换边。		**要求：** a.移动时重心要降低； b.扑单刀球时身体要贴着地面滑行，不要腾空；

训练目的	组织方法	方法图示	训练要点
守门员技术练习（2） 初步掌握1对1防守技术	区域：罚球区 器材：球 方法：教练员向罚球区内传球，守门运用1对1 防守扑球，GK2向球移动做干扰。每人扑6次单刀球交换。		**要求：** a.移动时重心要降低； b.判断好球运行的路线、速度与对方队员向球移动的速度，做出正确的技术动作。

训练目的	组织方法	方法图示	训练要点
守门员技术练习（20） 初步掌握1对1 防守技术	区域：罚球区 器材：球 方法1：教练员传球给GK2，GK2向罚球区内运球，运球时要将球远离身体控制的范围，守门员运用1对1 防守技术扑单刀球。每人做6次交换。 方法2：教练员传球给GK2，GK2向罚球区内运球，在守门员出击时射门，守门员运用1对1防守技术封堵射门。每人做6次交换。		**要求：** a.移动时重心要降低； b.判断好球运行的路线、速度与对方队员向球移动的速度，做出正确的技术动作。

（九）发球

发球是守门员组织进攻的重要手段。发球一般包括手发球与脚发球两类。手发球技术在发动进攻中比脚发球更为安全，成功率更高，因此被广泛使用，而且优秀的守门员抛球距离可以达到40~50米。当然发球的特点是可以发动快速反击，将球直接踢到对方罚球区附近，也会在大风天气等特定的条件或战术形式下使用。

1. 抛地滚球

（1）动作要领（图2-52、图2-53、图2-54）

两脚前后开立，半蹲，上身稍微前倾。持球手臂伸直后摆。抛球时，持球手臂从后向前摆动。持球在最低点，将球抛出，球抛出后，使球沿着地面滚出。

图2-52　发地滚球预摆

图2-53　发地滚球

图2-54 发地滚球出手

（2）核心环节

重心降低，上身前倾。持球摆臂动作是从后向前。持球在最低点将球抛出。

（3）易犯错误

持球手从侧面将球抛出。抛球的点过高，球出去后，没有沿着地面滚，而是弹着滚动。

（4）纠正方法

通过讲解与示范，针对错误反复练习。

2. 单臂肩上掷球

（1）动作要领（图2-55~图2-59）

两脚前后开立。单手持球放于头侧。后腿蹬地，腰部转体，身体前倾，持球的手臂从后向前快速摆动，将球掷出。

图2-55 单臂肩上发球

图2-56 单臂肩上发球预摆

图2-57　单臂肩上发球预摆

图2-58　单臂肩上发球

图2-59　单臂肩上发球

（2）核心环节

单臂持球放于头侧，持球从后向前挥臂。依靠后腿蹬地、转体挥臂和甩腕的力量掷球，整个动作环节串连一体，协调一致。

（3）易犯错误

持球的手没有将球放于头侧。发力的各环节动作不协调。

（4）纠正方法

通过讲解与示范，针对错误反复练习。

3. 踢凌空球

（1）动作要领（图2-60、图2-61）

双手或单手持球。将球向体前稍稍抛起，与腰部同高。当球下落时，支撑脚位于球的侧后方。踢球腿自然后摆折叠，利用大腿带动小腿，呈鞭打动作。守门员用脚背正面踢球的后下方，将球向空中沿45度角踢出。

图2-60 踢凌空球摆腿

图2-61 踢凌空球击球

（2）核心环节

踢球时，眼睛始终盯着球。踢球时，踝关节要紧张用力，固定好正确的脚形。支撑脚位于球的侧后方。利用大腿带动小腿，呈鞭打动作，依靠小腿的快速摆动发力踢球。

（3）易犯错误

踢球的时间过早或过晚。支撑脚离球太远。踢球的时候转体。

（4）纠正方法

通过讲解与示范，针对错误反复练习。

4. 踢反弹球

（1）动作要领（图2-62~图2-65）

双手或单手持球，身体前倾。将球向体前稍稍抛出，与腰部同高。踢球腿向后折叠。在球落地后反弹起来的一瞬间，大腿带动小腿快速摆腿踢球。用脚背正面踢球的后下方，将球向空中沿小于45度角踢出。

图2-62 踢反弹球抛球

图2-63 踢反弹球摆腿

图2-64　踢反弹球击球

图2-65　踢反弹球随摆

（2）核心环节

踢球时，眼睛始终盯着球。

踢球时，踝关节要紧张用力，固定好正确的脚形。

判断好球落地反弹起来的时间差。

（3）易犯错误

踢球时，踝关节没有固定好脚形，脚触球的部位不正确。

没有判断好球落地反弹起的时间差。

没有依靠小腿的快速摆动，发力踢球。

（4）纠正方法

通过讲解与示范，针对错误反复练习。

5. 处理回传球

规则中“回传球”的重大变化引发了守门员用脚参与比赛的变革。现代足球更快更流畅，防守的逼抢越来越紧，这就要求守门员频繁用脚参与比赛。

（1）动作要领

守门员应主动移动；守门员在面对对手的逼抢压力时，直接解围；控制球和传球（短传或长传）；带球；没有逼抢压力时，控制和出球。

（2）核心环节

阅读比赛和预判对手逼抢行为；回传的质量好与坏，决定如何处理回传球；与同队队友的沟通；根据场地和天气情况，决定如何处理回传球。

（3）易犯错误

解围的方向错误；解围时运用错误的技术。

发球技术训练方法

训练目的	组织方法	方法图示	训练要点
守门员技术练习（1） 初步掌握守门员手发球技术	区域：罚球区 器材：球 方法：守门员两人一组，面对面距离7~8米，运用手发球技术将球抛（抛地滚球、单臂肩上掷球）给对方，对方接球并将球抛回。20次一组。	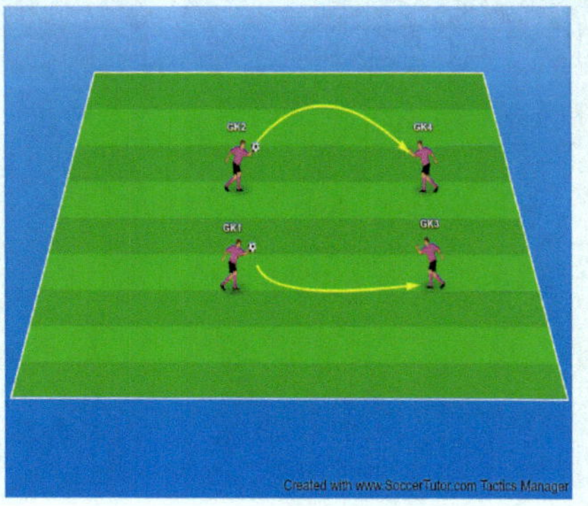	**要求：** a.抛球动作要协调； b.掌握好出手的角度。 c. 左右手交替抛球。

训练目的	组织方法	方法图示	训练要点
守门员技术练习（2） 初步掌握守门员脚发球技术	区域：罚球区 器材：球 方法1：守门员两人一组，面对面距离30米，运用脚发球技术将球踢（踢反弹球、踢凌空球）给对方，对方接球并将球踢回。20次一组。	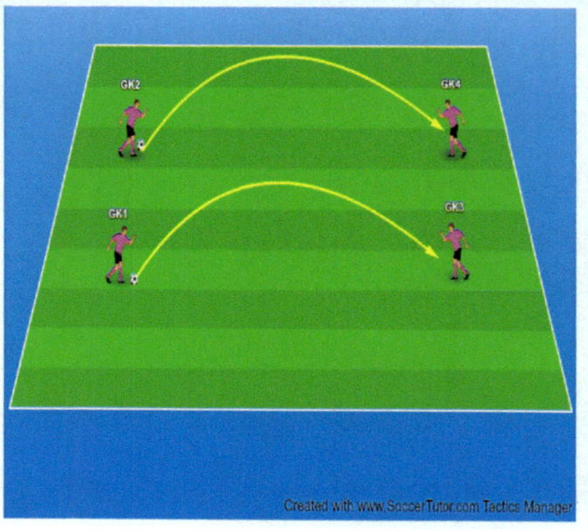	**要求：** a.踢球动作要协调； b. 踢反弹球要注意球的落点和踢反弹的时机； c.踢凌空球要注意出球的角度； c. 左右脚交替踢球。

训练目的	组织方法	方法图示	训练要点
守门员技术练习（3） 提高接球后发球技术	区域：罚球区 器材：球 方法1：教练员射门，守门员运用接球技术将球接住，接住球后快速移动，用手发球技术（抛地滚球、单臂肩上掷球）将球发出。每人6次进行交换练习。 方法2：教练员射门，守门员运用接球技术将球接住，接住球后快速移动，用脚发球技术（踢反弹球、踢凌空球）将球发出。每人6次进行交换练习。		**要求：** a.判断好出击接球的落点； b. 抛球动作要协调； c.抛球落点要准确； d. 踢反弹球要注意球的落点和踢反弹的时机； e.踢凌空球要注意出球的角度。

训练目的	组织方法	方法图示	训练要点
守门员技术练习（4） 提高处理回传球技术	区域：罚球区 器材：球 方法：（1）GK1移动要球，（2）GK2将球回传给GK1，（3）GK2传球后快速拉开接应，（4）教练员移动对GK1进行抢球，（5）GK1将球传给拉开接应的GK2，（6）GK1也可以选择接球后向另一个方向运球，（7）将球传给GK3。	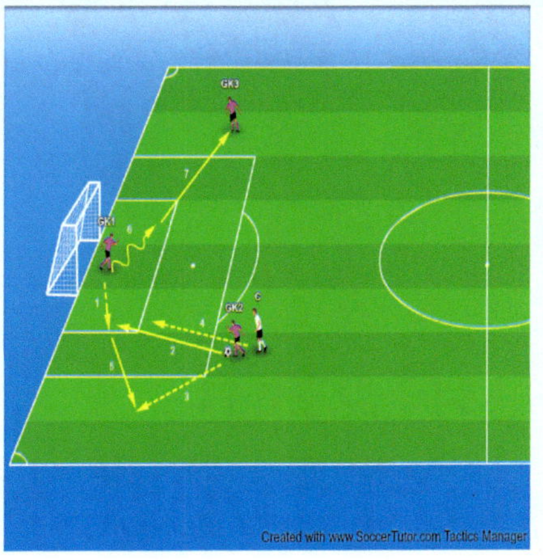	**要求：** a.守门员一定要主动要球，并且给出明确的接球方向； b.接到回传球后，根据防守队员的位置与距离选择传球方向。

第三章 守门员战术训练

一、守门员的基本战术概述

守门员的战术知识水平会影响他在球场上的表现。战术知识越高级，球员就能够更自如地运用自己的身体和技术。守门员的战术行为表现在阅读比赛，阅读球的轨迹，观察对手，与队友交流沟通定位，预判，选位和扑球选择。根据比赛场上的实际情况，守门员的战术可分为5部分。

· 比赛中的不同情况下的选位。

· 比赛中出击战术。

· 定位球中战术行为。

· 组织防守的战术行为。

· 发动进攻的战术行为。

二、守门员的基本战术

（一）守门员在比赛中的选位

在比赛中同样的一个射门球，善于选位的队员可能原地不动或稍加位移就可接到球，而选位差的守门员则不是倒地扑球，就是望球兴叹。因此，比赛中何时选择出击，何时占据有利位置进行封堵射门是一名优秀的守门员最好的证明。

选位的基本特点：守门员的选位取决于射门球员的距离和角度。选位的总原则：应选在由射门点向两门柱画的两条线所组成的夹角的平分线。守门员越接近射门者，防守的球门面积就越小，越容易防守，但是当守门员距离球门越远的时候也越容易被对方吊射球门。因此，究竟缩小多大球门角度合适，主要取决于守门员的反应速度、位移速度、爆发力等各方面能力，以及比赛场上的具体情况。

1. 正面的选位（图3-1~图3-4）

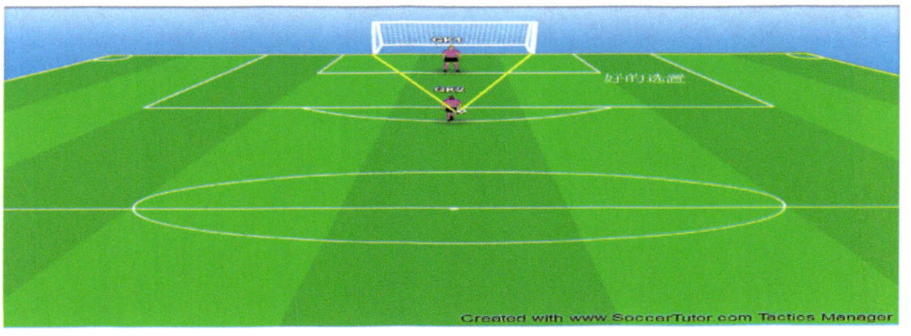

图3-1 好的选位

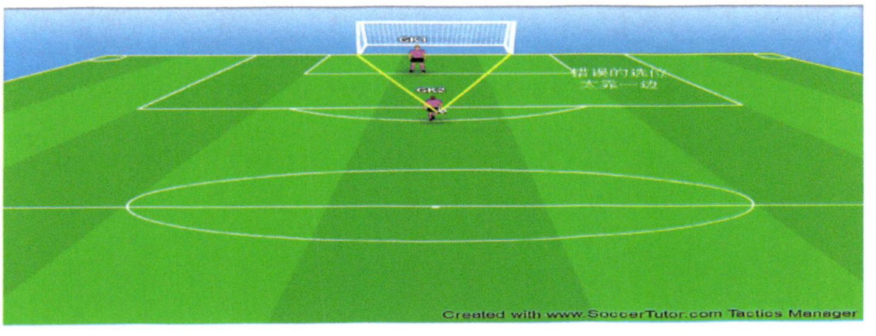

图3-2 错误的选位（太靠一边）

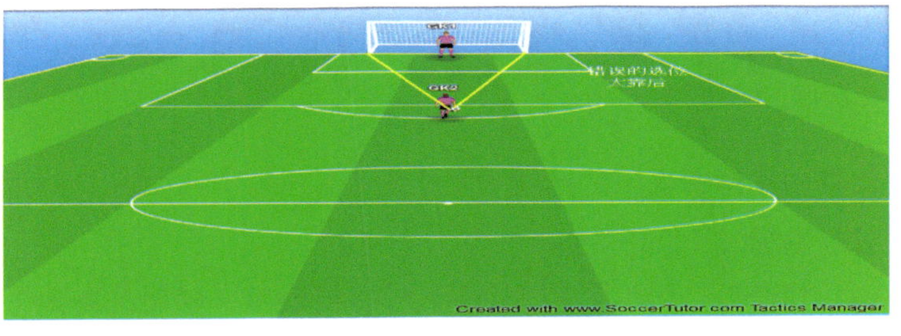

图3-3 错误的选位（太靠后）

图3-4 错误的选位（太靠前）

2. 侧面的选位（图3-5、图3-6、图3-7）

图3-5 好的侧面选位

图3-6 错误的侧面选位（太靠近近门柱）

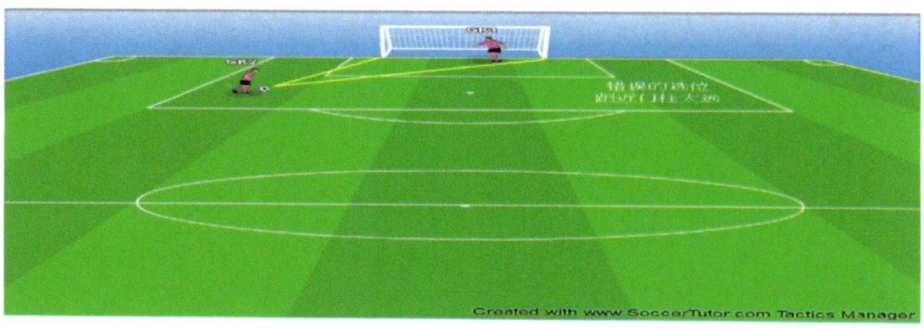

图3-7 错误的侧面选位（太靠近远门柱）

3. 守门员在比赛中不同情况下的选位

（1）当球在对方半场时（图3-8）

守门员应站在本方罚球区线附近，与整体队形保持联系，随时准备出击破坏对方反击时的传球。

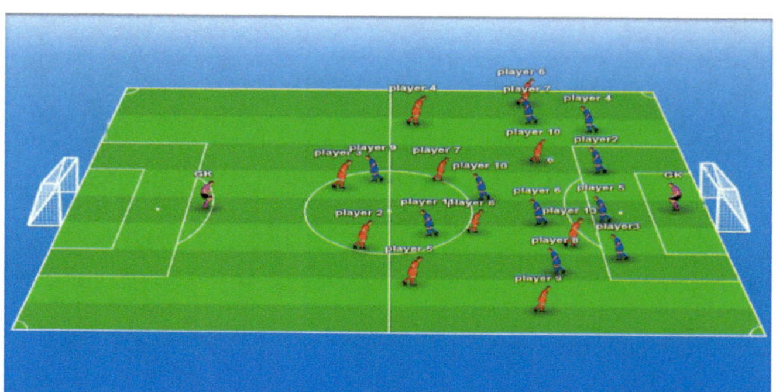

图3-8 当球在对方半场时

（2）当球在中场附近时（图3-9）

守门员应站在本方罚球区内，点球点与球门区线之间的位置，眼睛时刻注视着球，防止对方突然的高吊球射门。

图3-9　当球在中场附近时

（3）当球在罚球区附近时（图3-10）

守门员应站在靠近本方的球门线的位置，这时应重心下降，眼睛盯着球，防止对方随时起脚射门。如果对方突破防线，这时可以向前移动，封堵对方的射门角度。

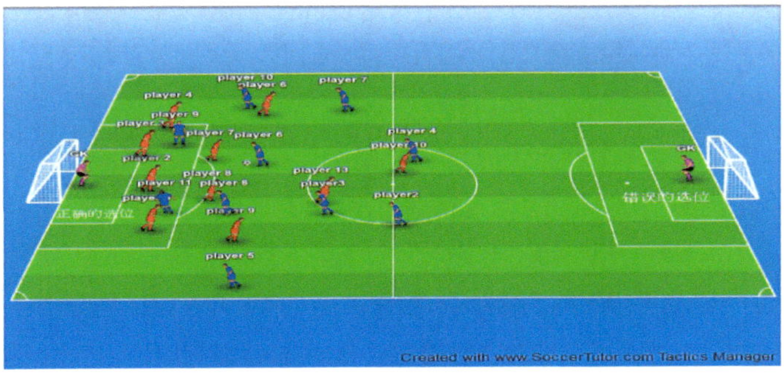

图3-10　当球在罚球区附近时

（4）当球在边路时（图3-11、图3-12）

当球在边路，守门员的站位也要分成两种情况，第一，球离球门近，这时对方又可能起脚射门，但是队员射门的方向通常因为角度太小而选择射球门的近角，所以守门员的站位应选择合理位置，先封堵住近角，在站位时，也不能完全将身体正对控球队员，要侧身站，在对方传中时能及时移动。

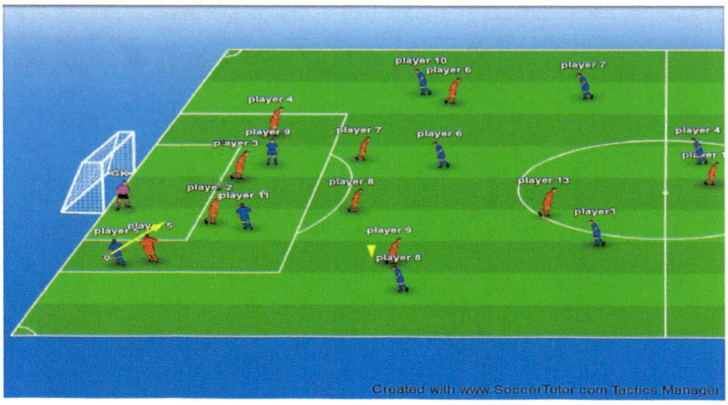

图3-11　当球在边路时（当球距球门近时）

第二，球离球门远，这时就算对方有能力射门，也会因为距离过远，让守门员可以很快地做出反应，移动接球。所以这时，守门员的站位应当在球门的中间或稍偏后一点的位置。这样既能控制对方向罚球区内传高球，又可以防止对方射门。

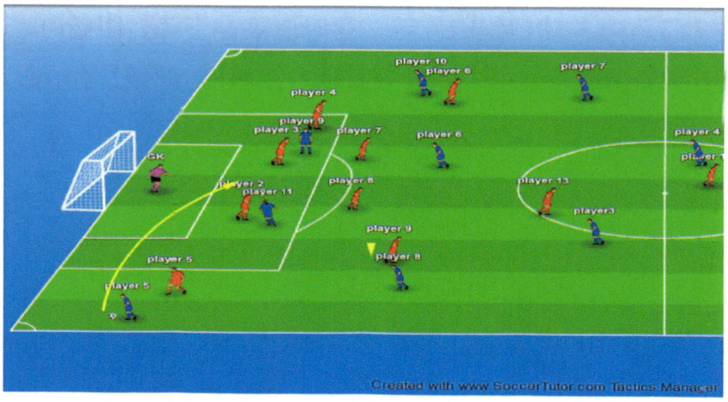

图3-12　当球在边路时（当球远离近门柱时）

① 核心环节

根据球所在的位置选位。眼睛始终盯着球，脚下始终在移动。当进攻队员射门的一瞬间，守门员站稳，保持正确的准备姿势。当对方射门时，位置太靠后，封堵的角度过远，不利于防守；位置太靠前，虽能较好的封堵住对方的射门角度，但是由于距离太近，会很容易被对手吊球入门，而且，距离太近，可能反映不到对方的大力射门；因此要选择适当的位置才能更好地守住大门。

② 易犯错误

· 移动选位当中，眼睛光盯着球，而忘记了移动选位。

· 对方射门的一瞬间仍在移动，没有站住准备扑接球。

· 没有根据球的位置的变化而选择更好的位置。

③ 纠正方法

通过讲解与示范，针对错误反复练习，在练习中，增加参照物，提高守门员对球门的位置感和整体的空间感。

提高选位战术能力的训练方法

训练目的	组织方法	方法图示	训练要点
守门员技术练习（1） 提高选位与接球的能力	区域：罚球区 器材：球 方法：教练员射门，守门员运用接球技术将球接住，接住球后快速移动选位，扑接GK2射门。每人6次进行交换练习。		**要求：** a.移动中选择好最佳位置； b.队员摆腿射门的一瞬间，不管守门员是否选好最佳位置都要站稳准备接球。

训练目的	组织方法	方法图示	训练要点
守门员技术练习（2） 提高选位与接球的能力	区域：罚球区 器材：球 方法：（1）教练员传球，（2）守门员根据接球人的位置移动选位，（3）接球队员射门，守门员运用扑接球技术接球。每人6次进行交换练习。	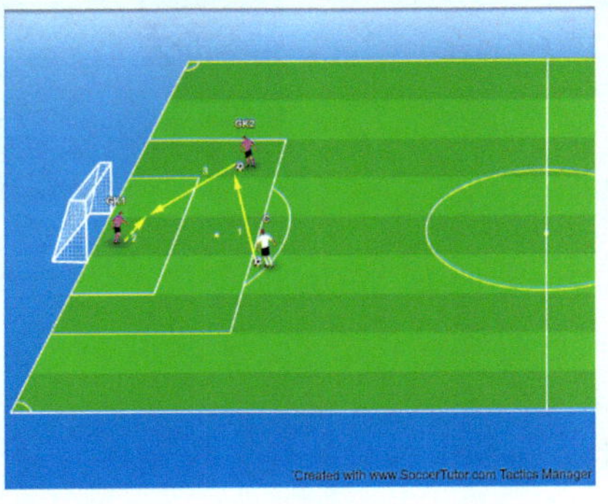	**要求：** a.移动中选择好最佳位置； b.队员摆腿射门的一瞬间，不管守门员是否选好最佳位置都要站稳准备接球。

训练目的	组织方法	方法图示	训练要点
守门员技术练习（3） 提高选位与接球的能力	区域：罚球区 器材：球 方法：（1）教练员射门，（2）守门员接球，然后移动选位，（3）接球队员射门，守门员运用扑接球技术接球。每人6次进行交换练习。	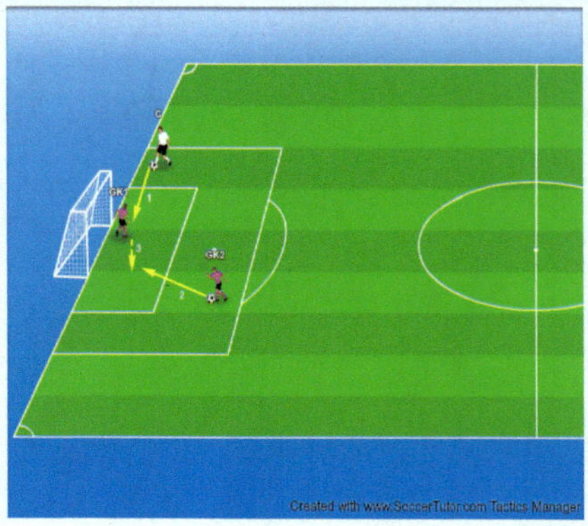	**要求：** a.移动中选择好最佳位置； b. 队员摆腿射门的一瞬间，不管守门员是否选好最佳位置都要站稳准备接球。

训练目的	组织方法	方法图示	训练要点
守门员技术练习（4） 提高选位与扑接球的能力	区域：罚球区 器材：球 方法：（1）教练员射门，（2）守门员接球，然后移动选位，（3）接球队员射门，守门员运用扑接球技术接球。每人连续8次扑接球交换。	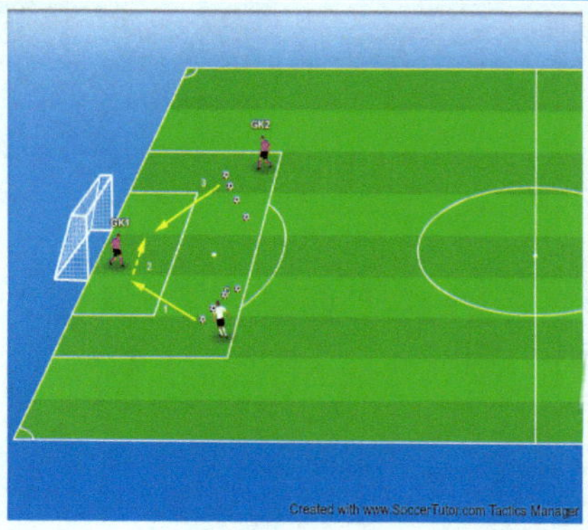	**要求：** a.移动中选择好最佳位置； b. 扑接球后起身移动的速度要快。

（二）守门员的出击接传中球战术

现代足球比赛中攻防速度越来越快，攻守双方对罚球区的争夺日趋激烈，守门员的职责也发生了很大的变化，他除了防守好本方球门外，还有扩大活动范围去控制整个罚球区甚至更大的区域。因此，守门员在合理的选位基础上果断、迅速、准确地出击，控制罚球区的空间，不仅给本方防守队员减轻防守压力，也打击进攻队员的自信心。出击又分为出击单刀球和出击传中球两种。

1. 出击传中球的基本特点

随着现代足球的发展，传中球的速度越来越快、传球的角度越来越平，都给守门员出击带来了很大的麻烦。而优秀的守门员一次次在本方罚球区内高高跳起将来球接住或者破坏掉的时候，会给进攻队员的自信带来不小打击。

要领：（1）选择位置。在任何情况下守门员都必须要确保自己处于在最佳视野的位置上，以保证他的视野范围为180度，能看到传中的人和传中的目标区域。

（2）判断球的飞行路线。守门员不能在球踢出之前就提前做出判断，一旦守门员过早地移动，并且判断又出现错误的时候，就很难在对正确的落点进行出击接球。守门员应在对球的飞行路线、飞行速度和攻防队员的位置做出准确判断之后才能有目的地行动。

（3）快速做出决策。根据球的轨迹，其他球员的位置，天气情况，自身状态做出准确的判断，并尽快做出出击还是原地不动的决策，一定不能犹豫不决。

（4）出击，移动的方式与出击原则。前点区域：冲刺跑；中点区域：侧滑步或交叉步；后点区域：3/4后退侧滑步（图3-13）。出击的原则是移动速度快、判断落点准、出击接球要猛，争取在空中最高点接球。

（5）起跳。单脚起跳可获得最佳起跳高度，尤其是跑动中起跳速度更快。

（6）接球。接球（或拳击球）在头部的前上方，球运行轨迹的最高点。

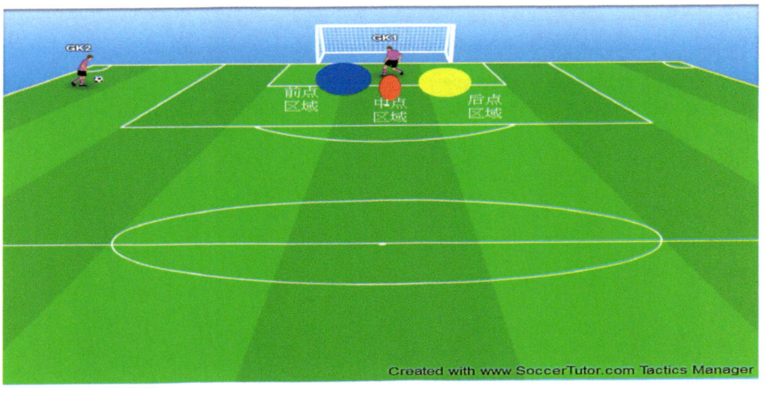

图3-13　出击选位时区域的划分

出击传中球训练方法

训练目的	组织方法	方法图示	训练要点
守门员技术练习（1） 提高出击接传中球与发球技术	区域：罚球区 器材：球 方法1：教练员传中，守门员出击接传中球，接住球后快速移动，用手发球技术（抛地滚球、单臂肩上掷球）将球发出。每人6次进行交换练习。 方法2：教练员传中，守门员出击接传中球，接住球后快速移动，用脚发球技术（踢反弹球、踢凌空球）将球发出。每人6次进行交换练习。		要求： a.判断好出击接球的落点； b.抛球动作要协调； c.抛球落点要准确； d.踢反弹球要注意球的落点和踢反弹的时机； e.踢凌空球要注意出球的角度。

训练目的	组织方法	方法图示	训练要点
守门员技术练习（2） 提高出击拳击球技术与扑接球技术能力	区域：罚球区 器材：球、假人 方法：在球门区内的前、中、后三个区域摆放假人做干扰。教练员传中，守门员出击用拳击球技术将球击出，然后快速移动选位，运用扑接球技术接球。每人做6次交换。		**要求：** a.判断好出击的落点； b. 在最高点击球； c.击球部位要准确； d. 移动时要观察射门球员的动作，在摆腿时要站住。

训练目的	组织方法	方法图示	训练要点
守门员技术练习（3） 提高出击接球的技术能力	区域：40×30米 器材：球、标志物 方法：6vs6小比赛，要求每球必须将球传给边路，边路再传中形成射门，守门员出击接球。		**要求：** a.判断好球的运行路线； b. 选择最佳的出击时机； c.出击一定要准确，出击时要大声呼应。

（三）定位球防守战术

1. 当守门员在发角球时

（1）分析情况和布置防守

守门员必须快速分析和判断对手的意图；通过简明扼要的呼喊布置防守；还要对场上的变化做出快速反应。（例如：短角球等）

（2）守门员的选位（图3-14、图3-15）

守门员选位取决于球的轨迹。

内旋球：站位应靠近球门线，保护球门，因对手可以直接射门得分。

图3-14　角球选位（内旋球）

外旋球：站位不用靠近球门线，因外旋球很难直接射门得分。

图3-15　角球选位（外旋球）

（3）守门员根据实际情况选择是否出击

角球发出，根据球的落点、进攻与防守队员的位置、外界因素，守门员要决定是否出击。

（4）核心要点

如果守门员出击，他必须要大喊“我的”提醒队员。

如果守门员不出击，他应继续指挥防守。

2. 防守侧面的任意球

（1）分析情况和布置防守

守门员必须快速分析和判断对手的意图（对手可能选择射门还是传中）。

通过简明扼要的呼喊组织人墙，根据位置选择2~3人做人墙。

通过简明扼要的呼喊布置防守，保护传中区域。

（2）守门员的选位（图3-16～图3-18）

根据对手是否有可能射门选择位置。

对手有可能射门时，守门员选择站位时可靠近近门柱，防止对手射门。

图3-16 任意球选位

对手有可能传中时，守门员根据球的轨迹选择站位。

内旋球：因球可能直接射门，守门员应选择距离球门线近一点的位置。

图3-17 任意球选位（内旋球）

外旋球：因球不可能直接射门，守门员不应选择距离球门线太近的位置。

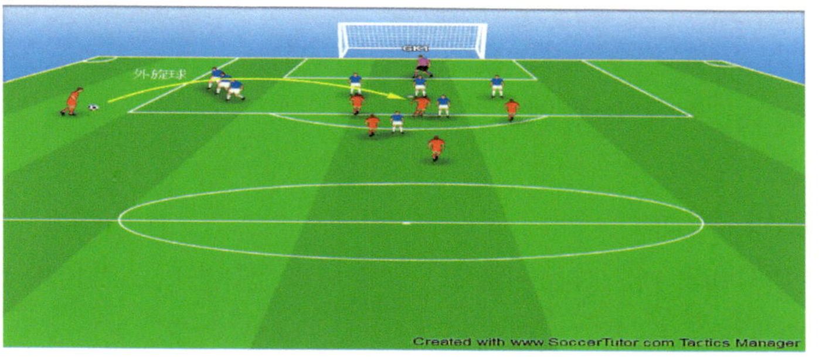

图3-18 任意球选位（外旋球）

（3）核心要点

组织人墙时，要让人墙封堵住近门柱的射门角度；判断对手的意图，选择正确的位置；组织防守，做好盯人，控制罚球区。

3. 防守正面的任意球

（1）分析情况和布置防守

守门员必须快速分析和判断对手的意图（对手可能选择射门还是战术配合）。

通过简明扼要的呼喊组织人墙，根据任意球的距离与位置选择4~6人做人墙。

通过简明扼要的呼喊布置防守，保护罚球区，做好盯人。

（2）守门员的选位与其他球员的角色（图3-19）

守门员靠近远门柱一侧，主要防守该区域。

判断对手射门轨迹，进行移动、扑接球。

1号球员负责人墙的定位，他应面向守门员并接受指令直到组织好人墙。

2号球员站在球和近门柱之间。

9号球员防守外侧区域。

图3-19　任意球选位（正面）

（3）核心要点

不要被人墙干扰守门员视线。

守门员绝不能在自己防守区域出现可导致丢球的失误。扑接球时，如果接不住，应将球挡到安全区域。

4. 防守罚球点球

图3-20　球点球

很多足球比赛的结果，甚至是世界杯决赛（1994年巴西队、2006年的意大利队），都是由罚球点球决定的。因此守门员如何防守点球具有重要的意义。现代足球对信息的采集非常重视，会把各国家主要罚球点球的队员在罚球点球时用哪只脚射门，是大力射门还是巧射，或者他们偏爱射球门的哪一边都做了统计分析。2006年世界杯德国与阿根廷在点球决胜时，德国就通过采集掌握对方射点球队员的信息资料，而取得最终的胜利。（图3-20）

（1）点球的选位

实践证明，守门员防守点球成功的要素，一是判断，二是选位。选位有两种：一是球门中间；二是根据个人习惯，有意识地让出一边，取球门线3/5处站位，给罚球队员设置心理障碍，影响其罚球。

（2）“心理战”

① 当罚球队员助跑时，守门员先假装向一侧移动，然后向反方向扑球。目的是使罚球队员误认为守门员将向这个方向扑球，结果将球射向另一侧。

② 规则允许守门员在球门线上左右移动，促使对手分心，从而导致错误地选择射门方向。当然在对手射门的一瞬间守门员一定要站住做好扑球准备，不然在移动中很难做出有效的扑球。

③ 稍微偏离球门中心的站位，致使罚球队员被迫改变原先的射门意图，给罚球队员设置心理障碍，影响其罚球。

④ “赌博式”扑球（尤其是在罚球点球决胜中使用），不需要预判对手的射门方向，在对方第一次射门时先向一侧扑球，然后其它几次扑球都扑向另一侧。赌的就是对方队员将球射向一侧方向的概率有多大。

（3）核心要点

点球被扑出后，要快速起身，做第二次反应。

点球被扑出后，后卫要快速进入罚球区防止补射。

（四）组织防守

守门员作为最后一道防线，通常会站在队伍最后面，他需要良好的视野与大局观并且能很好地观察场上的局势，能发现场上防守中出现的问题。如防守队员与进攻队员的位置与跑动，防守时哪里出现空当等等。优秀的守门员能利用简短清晰的语言与防守队员沟通去组织防守、弥补防守出现的问题，使防守队员做出正确的选择。

1. 要 领

（1）距离。守门员应与最后一名防守队员保持适当距离，使对手难以渗透到他们之间。

（2）角度。与最后一名防守队员保持好角度。一般守门员与最后一名队员和球的位置不在一条直线上，因为那样不仅会影响守门员的视线，而且对远门柱的防守也会带来困难。

（3）呼应。这是守门员组织和指挥防守的重要手段。由于守门员的特殊位置使得他对场上的情况比其他队员了解得更迅速、更准确，所以通过他的呼应，对巩固防守、鼓舞士气都是至关重要的。

2. 守门员在组织和指挥防守中的呼应

守门员在组织和指挥防守中的呼应一般用于：

（1）本队队员在面对本方球门控球时，守门员根据场上情况，通过呼应帮助防守队员尽快做出正确的决策，也可指挥其他防守队员去接应或保护，以减少失误。

（2）提醒防守队员采取正确的防守手段。如迅速逼近球去封堵射门；注意对身后空间的保护。

（3）守门员出击前告诉其意图，避免发生与同队队员冲撞或混乱局面。

（4）当本方罚球区域附近的险情被解除后，指挥防守队员迅速前压，或接应其发球。

（五）发球进攻

控制球后的守门员又是第一名进攻者，他不论采用何种方式发动进攻，都应以快速、准确、安全为前提，但有时也会根据比赛情况去选择是否快速发球，这是控制比赛节奏的重要环节。

1. 当对方全线压上时，一般身后留下的空间较大，守门员控球后首先考虑将球发向该空间，利用锋线队员快速前插，以快制胜。

2. 阵地战时，同队队员应积极跑动接应，守门员便于选择传球点，这时应求稳，将球安全地传给较近的没有防守队员盯防的同队队员。

3. 当对手从一侧边路进攻结束后，一侧进攻队员较少，这时本队一侧队员应迅速拉开接应，守门员迅速将球发给该区域的队员，通过他们组织、发动反击。

4. 当本队领先或处于短暂的混乱时期时，守门员在接到球后不应急于将球发出，而是尽可能的运用“6秒发球”规则等对方队员向后退防，然后将球抛到地上，控制发球时间，调整比赛节奏，让本队能够进行状态上的调整。

第四章
守门员身体素质训练

一、守门员身体素质训练基本特征

守门员在比赛中的特殊职责，决定了他在比赛中需要全面的身体素质，这集中表现在极短时间内发挥身体的最高效能。守门员的这种身体能力，主要通过其耐力、力量、速度、协调性和柔韧性等身体素质表现出来。

守门员身体训练内容应符合训练对象的特点。根据年龄来划分，13岁以下的球员重点培养兴趣和掌握技术为主，身体训练除了协调性和柔韧性，都以自然生长为主；随着守门员身体发育，14岁到16岁开始发展耐力，力量主要以核心力量和跳跃力量为主；速度（启动速度、反应速度）、协调性和柔韧性则要贯穿整个训练；16岁到19岁要全面提高耐力、力量、速度、协调性和柔韧性；成人根据比赛的阶段性进行全面的提高。

二、耐力

经验告诉我们，守门员不需要跑太多，然而守门员又需要相当强的基础耐力去应对训练的负荷。考虑到守门员在比赛和训练中具体角色的显著区别，我们可以得出这样的结论：守门员在这方面的需求与其他位置的球员是完全不同的。常规耐力（长时间的持续运动）对于守门员来说是非常重要的。通过使用法特莱克训练法原理，我们可以制定近似于守门员活动的练习。我们可以将跑步和技术、力量、协调练习相结合。这就是所谓的“守门员法特莱克训练法”。

这种类型的训练介于持续和间歇训练之间。这可以训练我们的耐力和有氧能力，法特莱克训练法的持续时间可以在15～20分钟之间。运用该方法可以在球场或野外跑步。

1. 准备期

训练方法制定的基本要求：一个训练，15~20分钟，4~5分钟恢复，重复练习3个项目，150次/分最大心率。

2. 比赛期

训练方法制定的基本要求：一个训练内容；一周的开始（周一）或比赛结束后的第三天；20分钟或两个15分钟（结合技术练习）；结合有氧耐力完成技术练习；可以提供不同的内容。

三、力量

几乎所有的守门员在场上的行动，都涉及到力量的不同方面和不同的表现形式（最大力量，速度力量，力量耐力）。守门员的行动通常是很短但非常有力的。这些行动会在训练当中重复很多次，然而在比赛当中的行动往往是在“休息”了很长一段时间后。这对于守门员的位置来说是矛盾的，他必须能够重复或偶尔地进行有效、坚决和富有侵略性的行动。这对于守门员的力量训练是非常重要的，当然，不能损害身体的其他机能或技术能力。守门员必须强壮，但不是健美运动员。力量发展是身体准备中不可或缺的一部分，并且可以在所有的训练中进行（混合或分离）。

四、速度

守门员在比赛中的动作都是简短而有力的。每一个有效的扑救取决于速度的合理使用。合乎逻辑的结论是守门员每次扑救和出击都离不开他的速度。当然，用自然的方式发展速度是远远不够的，定期的训练和额外的练习是必须的。守门员的速度可以通过无球或者结合球的练习来提高，我们还可以把速度与守门员的技术练习相结合（抓球，扑球等）。为了提高速度素质，每次练习之间必须有充足的休息时间。

五、协调性

协调能力取决于对运动过程的控制和调节能力。这些能力允许运动员在预知和不可预知的情况下控制行为，并以经济的方式采取行动。运动协调能力是通过中枢神经系统和骨骼肌肉组织的联合行动进行准确的行为。

六、柔韧性

守门员必须有好的柔韧性，为了能够结合位置完成特定的训练。守门员一般在这方面没有主要问题。守门员柔韧性的训练与其他球员没有显著的差异。守门员可以在团队训练期间与其他球员一样按照柔韧性训练计划进行提高，也可以在具体训练时通过不同类型的拉伸来改善柔韧性。

身体训练方法

训练目的	组织方法	方法图示	训练要点
守门员技术练习（1） 提高结合球的有氧耐力的能力	区域：罚球区内 器材：球，障碍栏 方法：3名守门员，GK1站在球门去接GK2传中的球，然后自己运球慢跑到中线附近的标志物的位置；GK3，带球慢跑到靠近球门线附近的标志物，传中；GK2传中后无球慢跑到球门去内，准备接传中球。3人循环移动。练习时间20分钟。	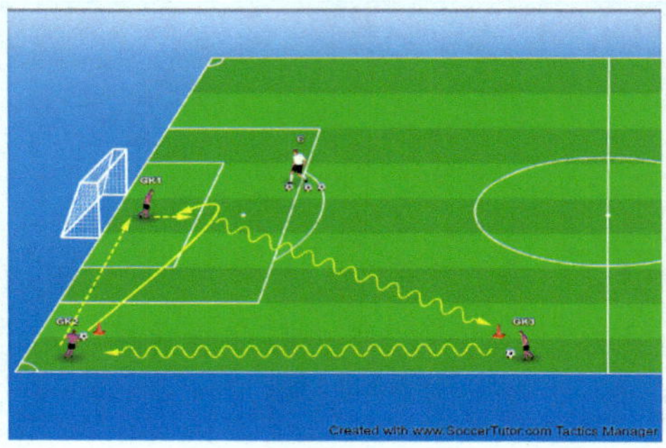	要点： a.所有人在移动时必须是慢跑，不能慢走或快走； b.教练在罚球区附近持球（多球），如果守门员没有接住传中球，便把他脚下的球给守门员，保证练习。

训练目的	组织方法	方法图示	训练要点
守门员技术练习（2） 提高力量与接球技术的能力	区域：罚球区内 器材：球，障碍栏 方法1：守门员双腿正面跳过障碍栏，然后接球，3人循环练习。6~8次一组。 方法2：守门员双腿侧面跳过障碍栏，然后接球，3人循环练习。6~8次一组。 方法3：守门员单腿正面跳过障碍栏，然后接球，3人循环练习。6~8次一组。 方法4：守门员单腿侧面跳过障碍栏，然后接球，3人循环练习。6~8次一组。	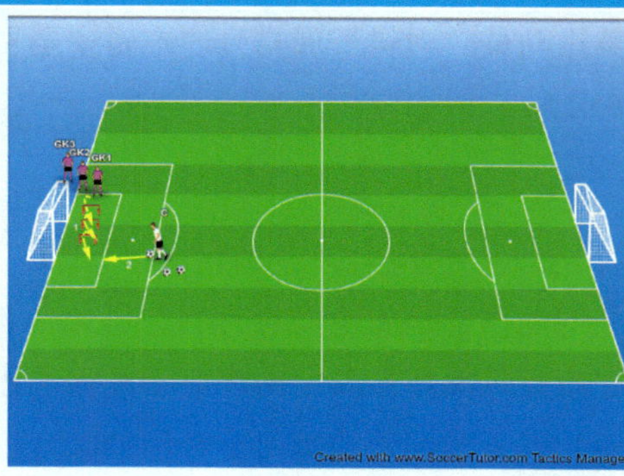	要点： a.障碍栏可以有不同的高度； b.跳跃时要认真做好每一次动作。

训练目的	组织方法	方法图示	训练要点
守门员技术练习（3） 提高力量与扑接球技术的能力	区域：罚球区内 器材：球，障碍栏 方法1：守门员双腿正面跳过障碍栏，然后扑接球，3人循环练习。6~8次一组。 方法2：守门员单腿正面跳过障碍栏，然后扑接球，3人循环练习。6~8次一组。		要点： a.障碍栏可以有不同的高度； b.跳跃时要认真做好每一次动作。

训练目的	组织方法	方法图示	训练要点
守门员技术练习（4） 提高反应速度与扑接球技术的能力	区域：罚球区内 器材：球，障碍栏 方法1：3名守门员，在每名守门员面前摆2个球，GK1看教练员的指示扑球，GK2与GK3守门员只能看他前面队员的动作，并做出与前一人同方向扑接球。 方法2：3名守门员，在每名守门员面前摆2个球，GK1看教练员的指示扑球，GK2与GK3守门员只能看他前面队员的动作，并做出与前一人反方向扑接球。	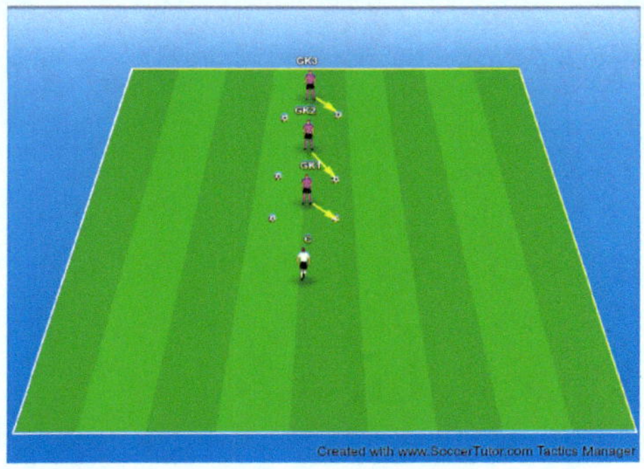	要点: a.看到指示后要快速扑球； b. 根据要求做出快速正确的反应。

训练目的	组织方法	方法图示	训练要点
守门员技术练习（5） 提高反应速度与扑接球技术的能力	区域：罚球区内 器材：球，障碍栏 方法：在守门员面前5~6米的距离摆放7~8个球，每个球的摆放距离5~6米，教练员射门（踢地滚球），守门员进行扑接球。两名守门员，每人6次进行交换。		要点: a.守门员首先要扑到教练员射出的球； b. 守门员在扑到教练员射出的球的前提下，尽可能的挡住所有的球。

训练目的	组织方法	方法图示	训练要点
守门员技术练习（6） 提高协调性与接球技术的能力	区域：罚球区内 器材：球，障碍栏 方法：守门进行协调性的绳梯练习，然后接球。3人每人一次循环练习。	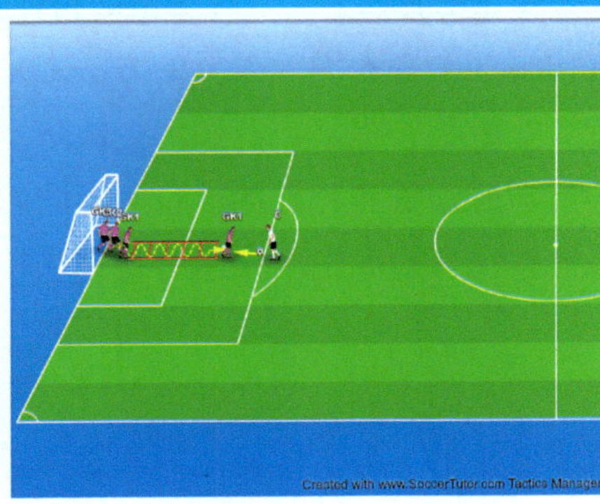	要点: 守门员按照教练员的要求完成绳梯练习。

第五章 守门员心理训练

心理准备可以在以下几个方面给守门员提供支持：更好地处理与位置相关的心理压力；帮助抵御外部因素的影响以及协助守门员在技术和心理方面平衡发展。而守门员的个性和性格直接影响他们的状态和表现。最重要的特征是：激励能力、自尊、情绪管理技巧。

心理准备是一个持续的过程。心理准备是自然的：守门员的挑选、分析和大量信息及日常事件的回忆，将这些转化成经验。心理准备是有组织的：教练或其他人对守门员施加直接、积极的影响。守门员在比赛场上的表现受他的精神状态和人格特质的影响。

如何去表达对守门员的关心？因人而异的方法之是至关重要的。一个好的教练员和教育者必须知道何时去批评、鼓励、提高声音和闭上眼睛。守门员表情、反应和表现可以表达出许多信息。每个守门员对于训练和比赛的准备是不同的，所以我们必须注意当我们对他们提供帮助的时候。他可能在比赛前和中场休息时得到支持，在比赛期间，他所做的一切都是他之前准备的。

心理问题会阻碍守门员的表现，但这些都是可以通过援助专家来解决的。这是一个漫长的过程，不是立刻就能修复的。为了优化他们的表现，大俱乐部会提供给球员系统的心理辅导，包括守门员。

一、心理问题的外部因素（潜在的负面影响）

随着年龄和水平变化，心理问题（潜在的负面影响）是不同的。

1. 对于青少年守门员

（1）家　庭

父母将自己未完成梦想强加给了自己的孩子；父母对孩子的期望；足球可能是未来的主要收入来源。

（2）队　友

与队友的人际关系以及在球队中守门员的角色。

（3）青少年教练员

教练想教给孩子们什么；想让孩子达到什么水平。教练的气质人格、魅力会影响孩子。

（4）对　手

对手在比赛中的表现让孩子有压力。

2. 对于年龄稍大的守门员

（1）家　庭

作为职业守门员（经济收入带来的压力是巨大的），要承担家庭的责任，家庭的问题会带来困扰。

（2）俱乐部

工作环境是否感到开心；位置的责任；与竞争对手的关系。

（3）俱乐部管理层

俱乐部管理层出现失误时，俱乐部管理者会带给守门员压力，怎样去化解这些压力。

（4）比　赛

受到裁判的错误判罚后，守门员会失去注意力。

（5）球　迷

如何面对球迷的侮辱与辱骂；如何对待球迷投掷物品。

（6）媒　体

如何应对媒体的批评，挖掘敏感新闻（媒体的负面或正面评价都有可能影响守门员的心理状态）。

（7）成功后的处理

如何应对酒肉朋友（因为过度与朋友饮酒会影响训练）；如何管理自身的财务资源（场外的经济损失会影响守门员的训练与比赛）。

（8）天气状况

适应条件而不影响表现（有的守门员不习惯下雨天比赛，有些不习惯在很热的天气下比赛，一旦遇到这种天气，有时会影响守门员的心理）。

二、守门员心理暗示训练

1. 心理准备

心理准备关系到一个人的经历，生活历史和生活信仰。

2. 精神准备

精神准备专注于针对优化技能和表现学习技术和战术。

3. 心理暗示

（1）心理暗示分为三种类型。

①任务和技术的相关独白（暗示自己能接住所有的射门等）；

②鼓励和努力的相关独白（给自己信心，暗示自己将比之前的比赛做得更好等）；

③情绪相关的暗示（保持冷静）。

（2）心理暗示的示例工具。

①语言和表情；

②思想的识别；

③调整思想；

④打断无益的想法。

4. 设定目标

如果目标是有效的，那么他们必须是真实的、清楚的、有效的和可实现的。

5. 呼吸练习，放松

康复训练、放松疗法和瑜伽被广泛应用于高水平运动员和个人放松。

第六章
守门员的相关规则

我们可以通过示范、描述或在守门员的训练视频中去学习接球、扑救等技术动作；每一个身体能力都可以被定义；所有战术行为可以在黑板上解释；身体准备可以在球队或个人的训练中完成。所有的这些要考虑的因素都可以在本手册的章节中找到，但是还有一个非常重要的组成部分——《足球竞赛规则》。规则随着足球的发展不断进化，每一个守门员必须了解这些规则。从最开始接触足球时就要学习规则，可以通过教练在训练中的解释与讲解，通过观看电视上的比赛去了解，或者是通过理论课学习（特别是如果有一个重大的规则变动）。《足球竞赛规则》的内容有很多，而本手册适用于守门员，因此根据《足球竞赛规则》17章内容的顺序，逐一筛选出与守门员相关的规则内容，我们将集中注意力找出可以直接影响到守门员的规则加以学习，通过对规则的理解会帮助守门员更好地发挥自己优势。

一、比赛场地

1. 球场的尺寸（图6-1）

规则中指出边线的长度必须长于球门线的长度，球场必须是长方形。

长度：120米~90米

宽度：90米~40米

国际比赛足球的比赛场地为：

长度：110米~100米

宽度：75米~64米

2. 球门区的尺寸

从距每个球门柱内侧5.5米（6码）处，画两条垂直于球门线的线。这些线伸向比赛场地内5.5米（6码），与一条平行于球门线的线相连接。由这些线和球门线组成的区域范围是球门区（小禁区）。

3. 罚球区

从距每个球门柱内侧16.5米（18码）处，画两条垂直于球门线的线。这些线伸向比赛场地内16.5（18码）米，与一条平行于球门线的线相连接。由这些线和球门线组成的区域范围是罚球区（大禁区）。

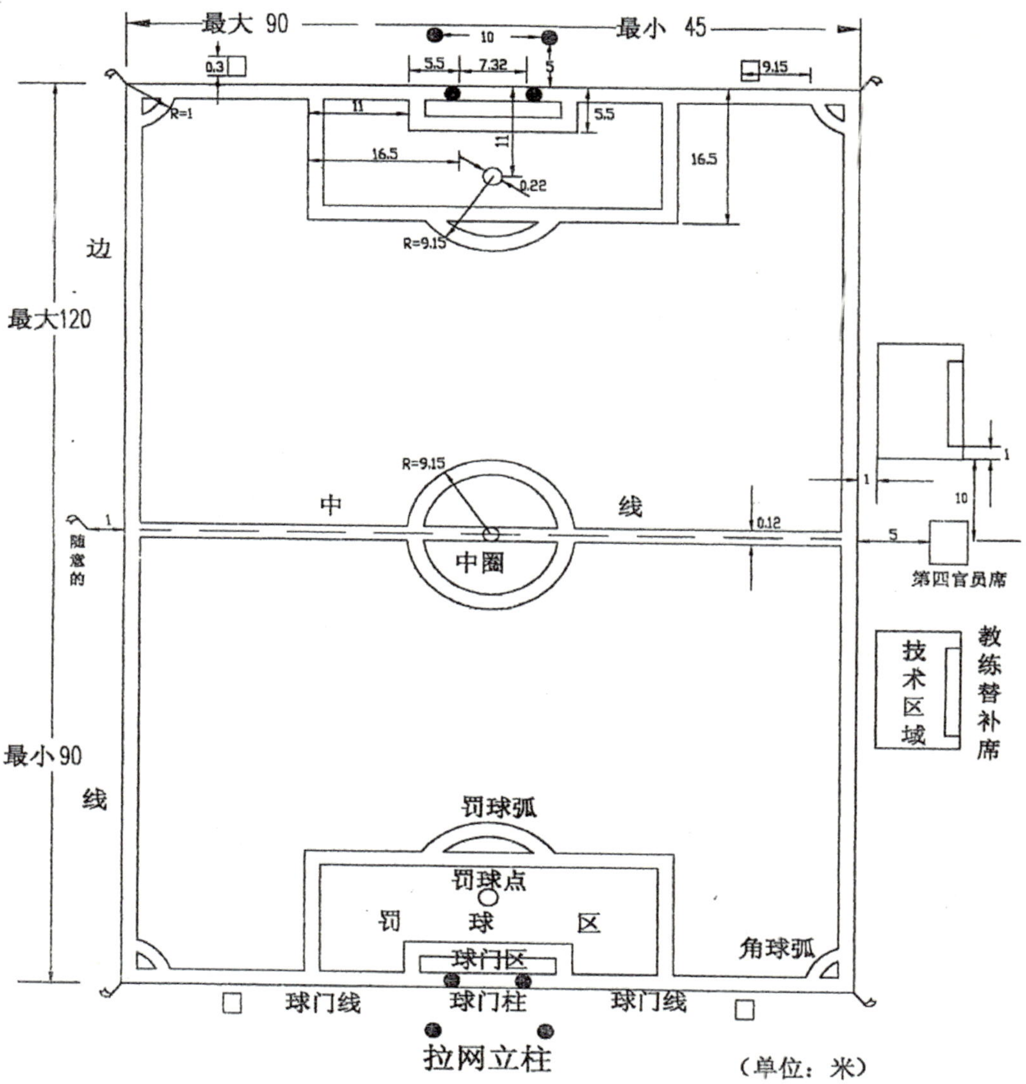

图6-1 足球场地示意图

除了世界杯的场地尺寸是统一固定的以外，所有球队都可以根据自身战术特点在规定的范围内更改场地的长与宽。守门员熟悉自己常年训练的场地的尺寸，会根据场地大小选择站位，而到了不同的场地，可能场地的长宽距离有所变化，因此守门员应根据场地的实际长宽去进行选位。

4. 球　门

球门由两根距角旗杆等距离的垂直的柱子和连接其顶部的水平的横梁组成。两根柱子之间的距离是7.32米（8码），从横梁的下沿至地面的距离是2. 44米（8英尺）。

球门柱和横梁必须是白色的。球门线与球门柱和横梁的宽度是相同的。球门网可以系在球门及球门后面的地上，并要适当地撑起以不影响守门员。

二、球

1. 足球的材料

球的外部由皮革和其他批准的材料制成，材料必须不构成危险。

2. 足球的特征（图6-2）

圆形；用皮革或其他适当的材料制成；圆周不长于70厘米（28英寸）、不短于68厘米（27英寸）；重量在比赛开始时不多于450克（16英两）、不少于410克（14英两）；压力在海平面上等于0.6 ~ 1.1个大气压力（600~1100克 / 平方厘米、8.5~15.6磅 / 平方英寸）。

球在不同的海拔高度下飞行的速度会受到影响，因此守门员每到一个有海拔高度的地方比赛，应快速适应当地的天气条件所带来的球速的变化。

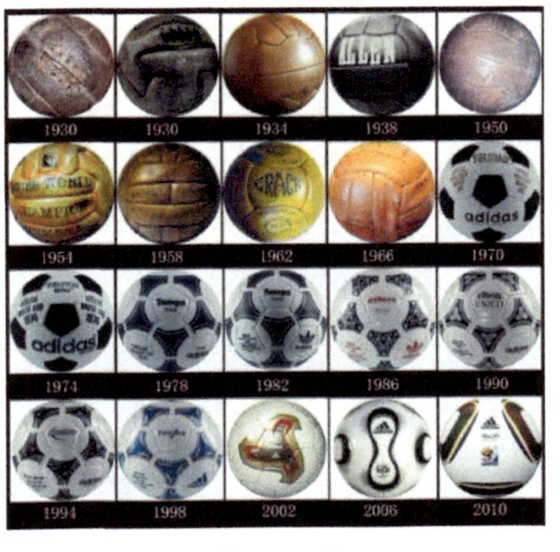

图6-2 球

三、队员人数

每场比赛有两支队伍，每个队伍场上队员不超过11人，其中1人是守门员。如果任意一支球队人数少于7人，则比赛不能开始。

任何场上的球员可以替换守门员；替换之前要通知裁判员；在死球状态下替换。

如果场上其他队员未经裁判允许替换守门员，比赛继续进行，裁判会在死球状态下给予替换队员警告（黄牌）。

四、队员装备

守门员的衣服颜色必须区别于场上其他队员、裁判员和助理裁判员。

五、比赛开始和重新开始比赛

所有的球员都在本方半场，对手在开球之前距球至少9.15米。球必须固定在中点，裁判给信号。开球队员向前踢球，在开球后，直到另一名本队球员触球前不能再触球。开球可以直接得分。

由于开球可以直接射门得分，当今足坛也不乏开球直接射门得分的壮举，因此守门员在对方开球时要提高注意力，选择好自己的位置，防止对手开球直接射门。

六、计胜方法

进球是当球整个越过球门线，并处在两个门柱之间，横梁之下（图6-3）。如果球队的进球没有违反比赛规则，进球有效。

图6-3 进球

球是否进门是根据球的整体是否越过球门线，而不是根据守门员接球时所站的位置来决定的（图6-4）。

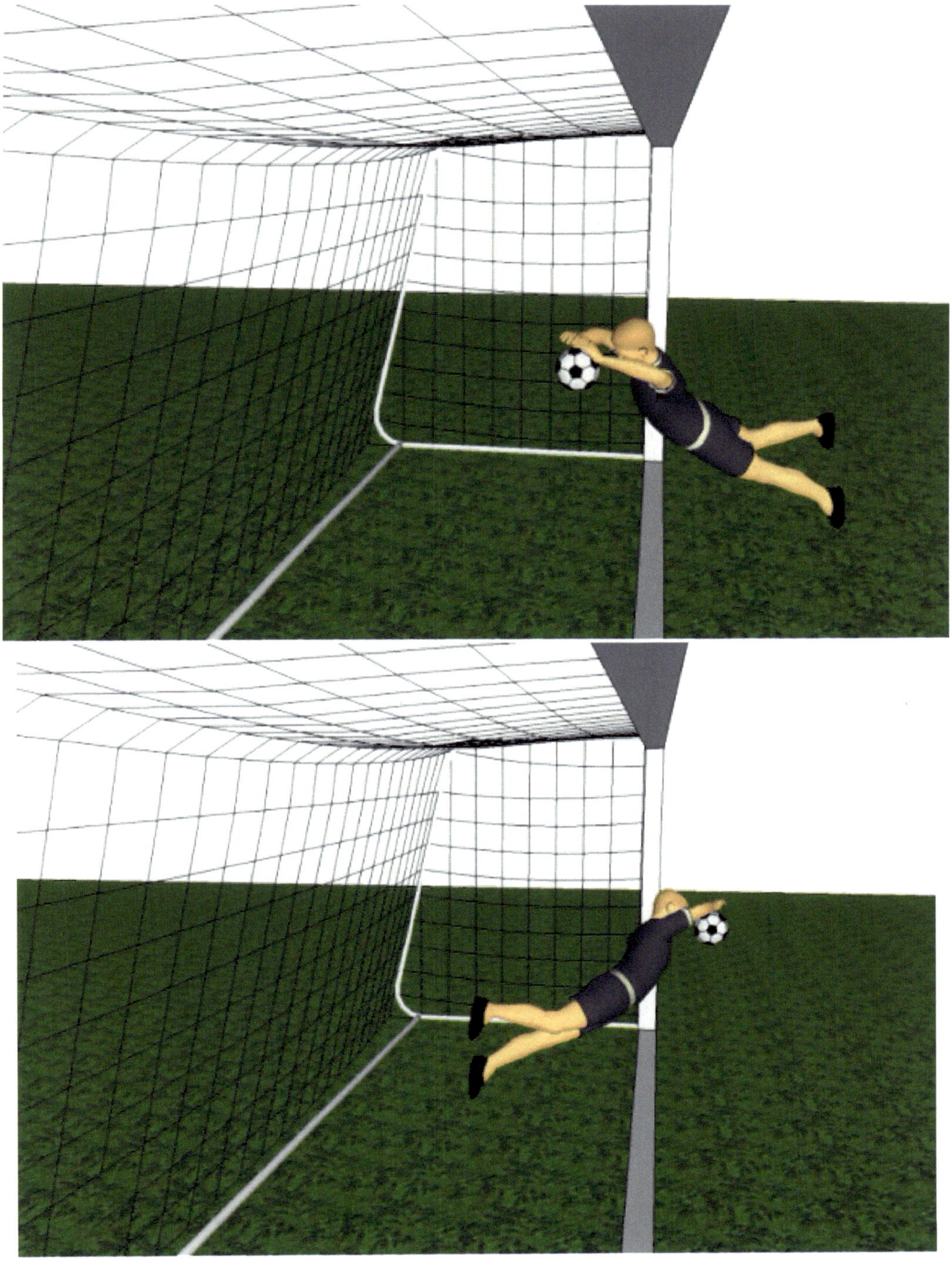

图6-4 球是否进门的判断

七、犯规与不正当行为

如果守门员在自己的罚球区内出现以下四种行为，将判给对方间接任意球。

（1）在发球之前用手控制球超过6秒。

（2）发球后，在球未触及其他球员之前再次用手触球。

（3）用手接回传球。

（4）用手接队友掷来的界外球。

不正当行为：对守门员的犯规，阻挡守门员发球。

八、任意球

（一）任意球

任意球分为：直接任意球和间接任意球两种。

1. 直接任意球

如果球直接踢进对手球门——得分。

如果球直接踢进自家球门——对方罚角球。

2. 间接任意球

裁判在判罚间接任意球时会将他的手臂举过头顶。他保持这个姿势，直到球发出并且碰到其他队员或出场。

球只有在进入球门之前有其他球员触球，球才会判进。

如果球直接进入球门，对方发球门球。

无论是直接任意球还是间接任意球，球在发出前必须是静止的。踢球人在触球后，不能再次触球直到其他球员触球后。

作为守门员，你要清楚明白裁判员判罚的犯规是通过什么样的方式重新开始的，通过看裁判员是否将自己的单臂上举来分辩此次罚球是直接任意球还是间接任意球，并相应做出正确的反应去应对。

（二）守门员发任意球恢复比赛

1. 如果守门员发球后，在球未触及其他球员之前再次触球（除手之外）：在犯规的地点判给对方直接任意球

2. 如果球发出后，守门员在球未触及其他球员时故意触球（图6-5）：

如果发生在罚球区外，在事发地点判罚直接任意球。

如果发生在罚球区内，在事发地点判罚间接任意球。

3. 如果发球后，球直接进入球门，那么将会判给对方角球。

图6-5 任意球

九、罚球点球

（一）造成罚球点球的条件

点球是本方球员在比赛中，在本方罚球区内产生以下10种行为后，判给对方的直接任意球。

1. 踢或企图踢对方队员；
2. 绊摔或企图绊摔；
3. 跳向对方队员；
4. 冲撞对方队员；
5. 打或企图打对方队员；
6. 推对方队员；
7. 抢截对方队员；
8. 拉扯对方队员；
9. 向对方队员吐唾沫；
10. 故意手球。

（二）守门员在罚球点球中的位置

守方守门员应留在本方球门柱间的球门线上（可在该线上移动）面对主罚队员，球未移动前不能离开球门线，否则，罚中算进一球，未罚中则重罚，不追加纪律处罚（图6-6）。

图6-6　守门员在罚球点球中的位置

罚球点球踢出后在向球门运行中如受到外来因素阻止时，应重罚。罚球，点球踢出后，球从守门员、横木或门柱弹回场内而被外来因素阻止时，裁判员应暂停比赛，并在球与外来因素接触的地点坠球恢复比赛。

（三）守门员在罚球点球中受伤如何处理

如果守门员在点球判罚后受伤而不能继续比赛，如果球队还没有用完换人名额，守门员可以被替换。在罚点球的时候，一个合格的球员是随时可以代替守门员的，如果守门员被罚出场，他必须被另一个球员代替来完成比赛。

十、掷界外球

（一）界外球的获得

对手球员最后触球，球的整体越过边线（地滚、空中球），则在球离开场地的地点获得掷界外球权。

（二）掷界外球的规定

界外球不能直接掷入球门：如果界外球直接掷入对方球门，则裁判判罚球门球；如果界外球直接掷入自家球门，则裁判判给对方角球。

如果守门员发界外球，球发出后，在其他队员未触球前不得再次触球，如果在本方罚球区内触球（任何部位），则由对方在触球地点以间接任意球重新开始比赛；如果在罚球区外用除手臂以外的位置触球，则在触球地判给对方以间接任意球重新开始比赛；如果在罚球区外用手触球则判给对方以直接任意球重新开始比赛。

十一、球门球

（一）球门球的获得

当球完全越过球门线（地面或空中球），且没有形成得分，最后触球者为进攻队员时，守方获得门球。

（二）发球门球的规定（图6-7）

发球门球时，当球直接踢出罚球区进入场内时比赛方为恢复。

球门球可以直接射门得分。

如果球没有被直接踢出罚球区，并且踢球人再次触球，重发。如果发球人将球踢出罚球区，在球没有接触其他球员之前再次触球（除了手），则在触球地点判给对方间接任意球。如果踢球者用手触球，则要在触球地点判给对方直接任意球。

如果在发出球门球后，球离开罚球区，但是又被强风吹了回来：

1. 如果守门员再次触球（用手或脚），则在触球地点判给对方间接任意球。
2. 如果发球门球的不是守门员，他再次触球（除了手），则判给对方间接任意球。
3. 如果发球门球的不是守门员，在上述情况下故意用手处理球，则判给对方点球。

图6-7　球门球

十二、角　球

当球完全越过球门线（地面或空中球），且没有形成得分，最后触球者为防守队员时，攻方获得角球。角球可以直接得分。角球直接射入本方球门由对方发角球。

参考文献

[1] 全国体育院校教材委员会. 现代足球[M]. 北京：人民体育出版社.
[2] 阿莱克斯·沃什. 足球守门员训练[M]. 马冰, 吴国天, 译. 北京：人民体育出版社.
[3] 年维泗, 麻雪田, 等. 足球[M]. 北京：北京体育学院出版社，1990：92-98.
[4]《Goalkeeper》. 国际足联.
[5]中国足球协会. 足球竞赛规则[M]. 北京：人民体育出版社.